Mit herzlichem Dank für die engagierte und konstruktive Unterstützung an den
Beirat des Lexikons der deutschen Weltmarktführer

Dr. Arno Balzer – Chefredakteur, manager magazin

Michael J. Huvers – Direktor und Divisional Head Marketing/Communication
der Mittelstandsbank der Commerzbank AG

Prof. Andreas Kiefer – Vorsitzender der Geschäftsführung, ADP Employer Service

Holger Lösch, Leiter Kommunikation & Marketing, BDI –
Bundesverband der deutschen Industrie e. V.

Prof. Dr. Dr. h. c. Mult. Horst Wildemann –
Lehrstuhl für Betriebswirtschaftslehre, Technische Universität München

Matthias Wissmann – Präsident, VDA – Verband der Automobilindustrie e. V.

Dr. Reinhard Zinkann – Gesellschafter und Geschäftsführer, Miele Cie & KG

HEILBRONN-FRANKEN
REGION DER
WELTMARKTFÜHRER

Herausgeber
Dr. Florian Langenscheidt
Prof. Dr. Bernd Venohr

Koordination
Wirtschaftsregion Heilbronn-Franken GmbH
Steffen Schoch

Chefredakteur
Olaf Salié

Projektleitender Redakteur
Steffen Heemann

Redaktion
Michael Hoi, Anna Jacobsen, Dr. Manfred Luckas, Cläre Stauffer

Redaktionsassistenz
Fabia Bertram, Cora Finner, Nicola Henkel, Benjamin Makline, Christoph Meyer zu Rheda,
Henning Röhr, Matthias Walbröl

Business Relations Management
Tim Asseburg-Wietfeldt, Isa Falckenberg-Hetzer, Alexander Foyle, Sören Greb,
Kristina Reinbothe, Simone Wagener

Design
Stefan Laubenthal

Bildbearbeitung und Grafik
Daniel Bergs

Autoren
Ulrike Bauer (Literaturtest), Cora Finner, Roland Grosse Holtforth (Literaturtest),
Christoph Heckl, Steffen Heemann, Nicola Henkel, Michael Hoi, Anna Jacobsen,
Stefanie Kuhne, Sebastian Lorenz, Dr. Manfred Luckas, Wiebke Pilz, Cläre Stauffer,
Matthias Voigt (Literaturtest), André Zwiers-Polidori u. a.

INHALT

Zum Geleit | Stefan Mappus, Ministerpräsident Baden-Württemberg ... 7

Vorwort der Herausgeber 8

Interview Florian Langenscheidt mit Reinhold Würth 9

Markenzeichen: „Region der Weltmarktführer" 13

Hinweise für die Benutzer 19

Unternehmenseinträge A–Z 21–100

Register nach Branchen 101

Abkürzungsverzeichnis 103

Impressum 105

ZUM GELEIT

Stefan Mappus
Ministerpräsident
Baden-Württemberg

Baden-Württemberg ist ein starker und zukunftsfähiger Wirtschaftsstandort. Schneller als erwartet hat unser Land die schwere globale Wirtschafts- und Finanzkrise überwunden. Wir verdanken dies nicht nur den weltweit operierenden großen Konzernen, sondern in hohem Maße auch den kleinen und mittleren Unternehmen in unserem Land. Es sind vor allem die vielen mittelständisch geprägten Familienunternehmen im Maschinen- und Anlagenbau, in der Elektrotechnik und in vielen anderen Branchen, die mit innovativen Spitzenleistungen die exportorientierte Wirtschaft in Baden-Württemberg international wettbewerbsfähig machen. Sie haben auch und gerade in wirtschaftlich schwierigen Zeiten ihr Know-how weiterentwickelt, ihre Belegschaft qualifiziert, Produkte verbessert und Prozesse optimiert. Viele dieser Unternehmen sind als „Hidden Champions" Weltmarktführer in ihrem Bereich.

Die Region „Heilbronn-Franken" ist ein wirtschaftliches Aushängeschild Baden-Württembergs. Es ist daher nur konsequent, wenn das Lexikon der deutschen Weltmarktführer der Region mit der national und vermutlich international höchsten Dichte an Weltmarktführern eigens eine regionale Ausgabe widmet.

Den Herausgebern gilt dafür mein ausdrücklicher Dank. „Heilbronn-Franken - Region der Weltmarktführer" ist eine lohnende Lektüre. Die in dem Nachschlagewerk portraitierten rund 100 Unternehmen belegen nicht nur eindrucksvoll, dass unser Land eine weltweit beachtete Wirtschaftsregion ist. Das Lexikon zeigt vielmehr auch, dass die Weltmarktführer der Region Heilbronn-Franken Garanten dafür sind, dass Baden-Württemberg seine Position als herausragender Wirtschafts- und Innovationsstandort nachhaltig behaupten und auch in Zukunft weiterentwickeln kann.

Stefan Mappus
Ministerpräsident des Landes Baden-Württemberg

VORWORT DER HERAUSGEBER

Dr. Florian Langenscheidt

Prof. Dr. Bernd Venohr

Sehr geehrte Damen und Herren,

derzeit lässt sich allerorten wieder eine Aufbruchsstimmung feststellen, die mehr widerzuspiegeln scheint als reines Sentiment. Es zeigt sich, dass die deutsche Wirtschaft – verglichen mit anderen Volkswirtschaften – insgesamt den Auswirkungen der globalen Wirtschaftskrise weit besser standgehalten hat, als es ihr auch gestandene Analysten zugetraut haben. Nach und nach schalten wichtige Indikatoren auf Grün, und einmal mehr liefert sich Deutschland im Kampf um den Titel Exportweltmeister ein Kopf-an-Kopf-Rennen mit China. Hierbei wird häufig die Einzigartigkeit und Leistungsfähigkeit des Mittelstands unterschätzt. Denn die großen DAX-Konzerne wie BASF, Siemens, SAP oder Volkswagen bilden beim Export lediglich den oberen Teil einer Pyramide, deren Basis sich aus rund 1.400 deutschen Mittelständlern zusammensetzt. Bezogen auf rund 4.000 weltweite Marktsegmente heißt das: In jedem dritten Marktsegment weltweit nimmt ein deutsches Unternehmen eine Spitzenposition ein. Darunter befinden sich hoch spezialisierte Technologieführer, die oft nur Brancheninsidern bekannt sind. Das vorliegende Buch lüftet das Geheimnis des deutschen Exporterfolges, indem es einen exklusiven Einblick in die an Breite und Tiefe weltweit einzigartige deutsche Unternehmenslandschaft liefert.

In einem repräsentativen Querschnitt über alle Branchen und Unternehmensgrößen stellt es viele Hundert Weltmarktführer vor: Es sind „die Besten der Besten", Unternehmen, die sich in ihrem Marktsegment auf dem Weltmarkt durchgesetzt haben. Es sind Unternehmen, deren wahren Qualitäten sich nicht auf spiegelglatter See, sondern erst in rauen Gewässern zeigen. Denn gerade die oft gründer- oder familiengeführten mittelständischen Unternehmen müssen sich im Kurs nicht von vordergründigen Shareholder-Value-Interessen beirren lassen – und sind flexibel genug, den Kurs schnell zu ändern, wenn es die Umstände erfordern. Sie bilden das vielzitierte Rückgrat der deutschen Wirtschaft.

Ihnen ist das vorliegende Buch gewidmet; nicht zuletzt mit dem Ziel, die öffentliche Wahrnehmung für ebenjene vorbildlichen Mittelständler zu schärfen, die sich auf den Weltmärkten eine führende Position erarbeitet haben und denen unser Land Stabilität und Wohlstand – auch in turbulenten Zeiten – verdankt. Dies wollen wir im Rahmen einer medienübergreifenden Strategie auch durch eine extensive Pressekampagne erreichen, wobei Buch und Kampagne eingebunden sind in ein Netzwerk prominenter Partner und Förderer, zu denen unter anderem das manager magazin, VDI nachrichten sowie die Initiative „Deutschland – Land der Ideen" zählen. Federführend begleitet wird das Projekt auch vom BDI.

Mit herzlichen Grüßen

Dr. Florian Langenscheidt / Prof. Dr. Bernd Venohr

INTERVIEW FLORIAN LANGENSCHEIDT MIT REINHOLD WÜRTH

Prof. Dr. h.c. mult. Reinhold Würth

Dr. Florian Langenscheidt

FL: Ihr Unternehmen ist heute ein global aufgestellter Konzern, eine Weltmarke und ein leuchtendes Beispiel für „Made in Germany". Alle internationalen Aktivitäten werden von Künzelsau gesteuert, also buchstäblich aus der deutschen Provinz, in Franken, fernab von den großen deutschen Metropolen. Hier hat Ihr Vater den ersten Grundstein für das Unternehmen gelegt. Was bedeutet der Begriff „Heimat" heute für Sie persönlich?

RW: Heimat ist für mich die gefühlsmäßige Zusammenfassung von Erfahrungen, Ereignissen, Erlebnissen und Erinnerungen von der Kindheit bis in die Gegenwart. Heimat definiert jeder Mensch für sich selbst. Viele Lebenswege führen aus der Geburtsregion in andere Länder und Kontinente, wodurch dann neben der ursprünglichen eine „neue Heimat" entsteht. Ich selbst hatte das Glück, über 75 Lebensjahre immer wieder nach Hohenlohe zurückzukehren, betrachte also Hohenlohe auch heute als meine Heimat. In erster Linie aus Respekt vor dem Wohlwollen und der Dankbarkeit der Bürger dieser Region.

FL: Haben Sie einmal darüber nachgedacht, die Konzernzentrale zu verlegen? Etwa aus logistischen oder anderen ökonomischen Gründen?

RW: Die verantwortungsvolle Führung eines internationalen Konzerns ist kontinuierlich angehalten, ein oder zwei Dekaden in die Zukunft zu schauen. Menschliche Erfahrung lehrt, nie „nie" zu sagen – wer weiß heute, ob in 20 Jahren freies Unternehmertum in Deutschland überhaupt noch möglich ist. Die Verlegung der Konzernzentrale käme also nur in Betracht, wenn die Linkskräfte in Deutschland direkt oder indirekt den Kommunismus wieder einführen würden.

FL: Was schätzen Sie an Ihren Landsleuten, den Menschen Ihrer Heimat am meisten? Sehen Sie gar besondere Tugenden und Charaktereigenschaften, die sie von den Menschen anderer Regionen unterscheiden?

RW: Die Franken sind ein quirliges, schaffiges, intelligentes, aufmüpfiges Volk, die auch zu feiern wissen. Fazit: Neugierig und weltoffen.

FL: Die Wirtschaftsregion Heilbronn-Franken GmbH zählt in der Region über 100 Marktführer. Das kann doch kein Zufall sein! Sehen Sie besondere Gründe für den wirtschaftlichen Erfolg der Region?

RW: Das Gebiet der heutigen Region Heilbronn-Franken war über weite Teile bis in die 60er-Jahre des letzten Jahrhunderts hinein landwirtschaftlich geprägt. Diese bodenständigen und landschaftlich verwurzelten Menschen sind in Industrie und Handel abgewandert. Die in den Wirtschaftszentren der Frühindustrialisierung entstandene Frontenbildung zwischen oben und unten ist hier weitgehend ausgeblieben, vor allem weil sich die Betriebe mittelständisch entwickelt haben.

FL: Gibt es besondere Beziehungen zu anderen Weltmarktführern der Region? Welche wirtschaftlichen Vorteile bzw. Synergien hat die Tatsache, das besonders viele weltweit vernetzte und erfolgreiche Unternehmen in der Nachbarschaft existieren?

RW: Diesem Aspekt schreibe ich eine ganz beachtliche Importanz für diese Clusterbildung besonders schnell wachsender Unternehmen in der Region Heilbronn-Franken zu. Beispiel: Die Würth-Gruppe ist in den letzten 65 Jahren im Durchschnitt mit 23 % pro Jahr gewachsen, genau wie viele andere Betriebe auch. Im Geschäftsleben, genauso wie nach Feierabend in den Familien, Vereinen und

Freundeskreisen, hat in diesen 60 Jahren einfach tradiert, dass zweistellige prozentuale Umsatzwachstumsraten vollkommen normal sind. Insofern haben die Betriebe ganz unterschiedlicher Marktplätze und Branchen direkt oder indirekt von einander gelernt und solche Verhaltensweisen adaptiert.

FL: Was hat die Politik in der Region richtig gemacht? Welchen Einfluss hat eine gute Wirtschaftspolitik auf den Erfolg einer Region?

RW: Um die große Politik hat man sich in Heilbronn-Franken nie so sehr gekümmert. Für mich zum Beispiel war vollkommen unwichtig, welche Regierung in Bonn, Berlin oder Stuttgart das Sagen hatte. Wichtig war für mich, dass das Bundesverfassungsgericht über die Einhaltung des Grundgesetztes unbestechlich wacht.

Gleichwohl hat die Politik natürlich Einfluss über die Landratsämter in der Region. Mit Freude kann man festhalten, dass die Landratsämter ausnahmslos den gesetzlichen Rahmen zugunsten der Wirtschaft genützt haben. Die beste Wirtschaftspolitik ist, den Betrieben im Rahmen der Gesetzestexte so viel Liberalität und Freiheit wie möglich anzubieten.

FL: Was würden Sie sich zukünftig von den politischen Entscheidern wünschen? Was müsste noch geschehen, um die Situation weiter zu verbessern?

RW: Wünschen würde ich mir weniger Interventionismus: Das unsinnige Funktionsverlagerungsgesetz führt dazu, dass eine große Zahl deutscher Betriebe Forschungs- und Entwicklungsgesellschaften außerhalb Deutschlands gründen – in 20 Jahren von heute wird die Politik sich die Augen reiben, wo denn Forschung und Entwicklung in Deutschland hingekommen sind.

FL: Stichwort Fachkräftemangel, ein Mega-Thema, das täglich an Relevanz gewinnt: Wie überzeugt Würth junge Nachwuchskräfte für eine Karriere abseits der großen und z.T. attraktiven Ballungszentren? Wie wichtig ist das Thema überhaupt für das Unternehmen Würth?

RW: Nachwuchs- und Fachkräfte sind für Würth natürlich ein großes Thema, jedoch für überschaubare Zeit kein Problem: Für die 150 Ausbildungsplätze, die wir jedes Jahr vergeben, erhalten wir mehr als 1.000 Bewerbungen, wir können uns also die am besten zu uns passenden jungen Menschen aussuchen. Fachkräfte konnten wir immer und ausnahmslos anwerben, auch von außerhalb – Image und Bekanntheitsgrad des Unternehmens Würth üben eine gewisse Faszination auf Bewerber aus.

FL: In diesem Zusammenhang eine Frage zur aktuellen Debatte über Migration: Welche Bedeutung haben ausländische Fachkräfte für Würth und welche politischen Entscheidungen würden Sie sich wünschen?

RW: Schon heute haben wir einen netten, jedoch im Bundesvergleich unterdurchschnittlichen Anteil ausländischer Mitarbeiter/innen. Einstellungen bei Würth erfolgen ausschließlich nach Qualifikation und Kenntnissen und nicht nach Staats-

angehörigkeit oder Religion. Eines ist sicher: Deutschland wird aufgrund der Demografie zum ausgeprägten Einwanderungsland. Dafür sollte das Parlament mit einer großzügigen Einwanderungsgesetzgebung agieren, ähnlich wie dies in Australien und Kanada üblich ist: Man sucht die bestausgebildeten, intelligentesten Einwanderungsbewerber und nicht in erster Linie Sozialflüchtlinge.

FL: Zum Abschluss unseres Gesprächs noch eine persönliche Frage: Wenn Sie von einer Ihrer zahlreichen langen Reisen zurückkehren, was muss geschehen, was tun Sie, damit Sie sich wirklich „zuhause" fühlen? Welche typische Eigenheit, welcher Ort oder welche Tradition und regionale Besonderheit vermittelt Ihnen konkret ein Gefühl von Heimat?

RW: Ganz einfach: Zuhause fühle ich mich hier bei Linsen und Spätzle und Saitenwürsten, einer schönen Radtour oder Wanderung durchs Hohenloher Land. In der zweiten Heimat Salzburg schätze ich das Wiener Schnitzel und neben Wanderung und Radtour noch die kulturellen Highlights.

FL: Vielen Dank für das Gespräch.

MARKENZEICHEN: „REGION DER WELTMARKTFÜHRER"

Die Region Heilbronn-Franken auf dem Weg in die Zukunft
Von Steffen Schoch

Steffen Schoch,
Wirtschaftsregion
Heilbronn-Franken GmbH

Ein paar Worte genügen, oft nur ein Schriftzug oder ein schlichtes, einprägsames Logo – und es entfacht sich ein Feuerwerk an Emotionen. Der Slogan „Wir machen den Weg frei", die geschwungenen, glänzenden Chrom-Buchstaben „Harley-Davidson", der Dreizack von Maserati – und es öffnen sich Welten. Marken appellieren an unsere geheimen Wünsche und Sehnsüchte. Sie sind von unwiderstehlichem Charme und wecken die Lust auf mehr. Sie schaffen Identität und geben Halt in einer unübersichtlich gewordenen Welt. Im Zeitalter zunehmender Internationalisierung überstrahlen Marken als Leuchttürme das Meer der Beliebigkeit. Sie sind verlässlich, bieten klare Orientierung, stehen für Qualität und Wertigkeit. Als Feedback erfahren sie hohe Wertschätzung. Sie werden geliebt. Manchmal auch gehasst. Sie fordern auf jeden Fall zur Stellungnahme heraus. Sie sind präsent. In den Medien. Und in den Köpfen.

Damit eine Marke funktioniert, braucht sie einen Markenkern, flankierende Werte und eine Aussage, die das Profil schärft und auf den Punkt bringt. Sie muss auf einem tragfähigen Fundament an unumstößlichen Fakten ruhen, um eine überprüfbare, wahrheitsgemäße Imagebildung sicher zu stellen. Sie benötigt eine durchschlagende Initialzündung, mit der sie in Erscheinung tritt. Und sie muss vor allem eines haben: einen langen Atem.

Eine Region als „Marke" kreiert

Als die Region Heilbronn-Franken bei der Stallwächterparty 2008 in Berlin mit dem Slogan „Langweilige Provinz. Immer nur Platz 1. Die Region der Weltmarktführer grüßt Berlin" auftrat, war das eine Sensation. Ein bis dahin weitgehend unbekannter Landstrich, der sich ein Markenimage gibt – das sorgte für ein gewaltiges Rauschen im deutschen Blätterwald. Funk und Fernsehen befassten sich mit dem Flecken im nördlichen Baden-Württemberg und lenkten deutschlandweit den

Blick auf das Gebiet zwischen Main und Neckar. Mit einem Mal stand die Region Heilbronn-Franken im Licht der Öffentlichkeit. Nicht als beschauliche, dörfliche Gegend, in der sich Fuchs und Hase gute Nacht sagen, sondern als wachstumsstarke Region, in der sich Weltmarktführer die Klinke in die Hand geben und in der es sich lohnt, zu leben und zu arbeiten.

Mit Markenimage Vorteile im „War for Talents"

Bis zu diesem Zeitpunkt war die Region Heilbronn-Franken ein Hidden Champion unter den Regionen und insbesondere bei der „kreativen Klasse" der Hochqualifizierten ein weißer Fleck bei der Jobsuche. Durch den internationalen Standortwettbewerb treten die Regionen unterhalb der national-staatlichen Ebene verstärkt zueinander in den Wettbewerb. Die Region Heilbronn-Franken konkurriert

allein in Deutschland mit über 100 Regionen bei der Gewinnung von Fach- und Führungskräften, in Europa mit mehr als 1.200 Landstrichen. Im „War for Talents" gewinnen langfristig die Regionen, die es verstehen, ihre Standortvorteile nachhaltig zu vermitteln.

Ein Claim der hält, was er verspricht

Heilbronn-Franken hat sich inzwischen national und international als „Region der Weltmarktführer" etabliert. Auch deshalb, weil der „Claim" hält, was er verspricht. Nirgendwo sonst sind gemessen an der Zahl der Einwohner so viele Firmen Weltspitze. Unter allen 437 Kreisen und Kreisfreien Städten nimmt der Hohenlohekreis bundesweit die Spitzenposition ein, der Main-Tauber-Kreis befindet sich auf Platz zwei, die anderen Kreise in der Region sind allesamt unter den Top 10 der Statistik. Die Region Heilbronn-Franken ist mit 4.765 Quadratkilometern nicht nur die flächenmäßig größte in Baden-Württemberg. Mit dem Oberzentrum Heilbronn und acht dynamisch wachsenden Mittelzentren zählt Sie auch zu den stärksten Wirtschaftsregionen in ganz Deutschland mit einer außergewöhnlich hohen Dichte an Weltmarktführern pro 100.000 Einwohnern.

Infrastruktur, Kultur und Landschaft als Pfründe

Ausschlaggebend für den Erfolg sind eine gute Infrastruktur, hohe Innovationsfähigkeit der Unternehmen und unternehmerisch denkende Mitarbeiter. Die Region ist gut an das Bundesautobahnnetz angebunden. Der Neckarhafen in Heilbronn und der Mainhafen in Wertheim, die Verkehrslandeplätze in Schwäbisch Hall und Niederstetten, die Nähe zu den Flughäfen in Frankfurt, Stuttgart und Nürnberg verknüpfen die regionale Verkehrsinfrastruktur mit den internationalen Verkehrsströmen. Eine traumhaft schöne Kulturlandschaft mit romantischen Weinbergen und erlebnisreichen Naturparks, lebendigen Traditionen sowie idyllischen Städten und Gemeinden mit Baudenkmälern aus dem Mittelalter und der Frühen Neuzeit bieten eine hohe Lebensqualität. Familienfreundliche Radwege erschließen die Region. Golfplätze, Museen, Theater, Freizeitbäder, Freilichtspiele, eine überdurchschnittlich gute Gastronomie, Vinotheken und viele traditionelle Feste machen die Region Heilbronn-Franken auch zu einer Region der Genießer.

Flexible Familienunternehmen besetzen Nischen

Bodenständige, heimatverbundene Menschen, fleißig und sparsam, zuverlässig und loyal, zugleich aber auch wagemutig und experimentierfreudig, waren die Voraussetzung für einen schnellen Aufstieg von hoch spezialisierten Unternehmen in die Weltspitze. Sie haben sich in Nischen und Mikro-Nischen mit innovativen Produkten und Leistungen führende Positionen in ganz unterschiedlichen Branchen erobert. Das Spektrum reicht dabei von der Automobilindustrie über Elektroindustrie, Maschinen-, Stahl- und Anlagenbau, Mess-, Steuer- und Regelungstechnik, Glasindustrie, Befestigungstechnik, Holz- und Möbelindustrie bis hin zu Nahrungs- und Genussmittelindustrie, Verpackungsindustrie, Logistik oder Informationstechnologie.

Fast ausnahmslos handelt es sich um gut geführte Familienunternehmen mit langfristigen Strategien, sehr guter Eigenkapitaldecke, einem Exportanteil von über 50 Prozent und überdurchschnittlich hohen jährlichen Investitionen für Forschung und Entwicklung. Obwohl oft scharfe Konkurrenten auf dem Weltmarkt, arbeiten die Unternehmen in zahlreichen Netzwerken und Clustern zusammen. Durch flexible, schnelle Anpassung an sich verändernde Rahmenbedingungen gelingt es den Unternehmen in der Region, Wirtschaftskrisen weitgehend ohne Personalabbau in Deutschland zu meistern. Durch bildungsstrategische Eigeninitiativen wie die Gründung von Akademien, Stiftungsprofessuren oder Kooperationen mit Hochschulen begegnen die Unternehmen aktiv dem sich durch den demografischen Wandel zunehmend verschärfenden Fachkräftemangel.

Bei Spitzenkräften angesehen

Das alles zusammen macht die Region attraktiv für Nachwuchskräfte und junge Familien. Bei Spitzenkräften ist sie inzwischen hoch angesehen. Dies belegt eine Befragung unter Akademikern und Hochqualifizierten bei Unternehmen in der Region. Danach empfehlen 88 Prozent der Führungskräfte die Region als Wohnort weiter, 93 Prozent als Arbeitsort. Hervorgehoben werden dabei insbesondere die hohe Wohn- und Lebensqualität und die guten Arbeitsmöglichkeiten bei erfolgreichen, innovativen Unternehmen.

Mit Kundenorientierung und offenem Führungsstil an die Weltspitze

Unter „Innovation" verstehen die Unternehmen in der Region mehr als nur neue Produkte oder Technologien. Verstanden werden darunter alle Maßnahmen, die etwas nützlicher, besser, effizienter machen – in den Abläufen, in den Produktionsprozessen, in der Kommunikation untereinander, am eigenen Arbeitsplatz, in den Serviceleistungen gegenüber den Kunden. Darin, etwas besser zu machen, sind sie erfindungsreich. Mit ein Grund dafür sind die Menschen, mit denen die Unterneh-

men groß geworden sind – Söhne und Töchter von Bauern, die sich durch Geduld, Beharrlichkeit, Verantwortungsgefühl und Leidenschaft, emotionale Intelligenz und ein hohes Maß an Tüftlergeist auszeichnen. Das ist die eine tragende Säule, die den Erfolg der Weltmarktführer in der Region Heilbronn-Franken ausmacht. Die andere: eine konsequente Kundenorientierung und ein offener Führungsstil. Die Unternehmen fördern ein Klima des unternehmerischen Denkens und Handelns und haben eine besondere „Kultur der Unternehmer in Unternehmen" entwickelt und verankert. Im Spannungsfeld zwischen fördern und fordern gelingt es den Unternehmen, Mitarbeiter zu Höchstleistungen zu motivieren – und sie dadurch zugleich an das Unternehmen zu binden. Die Fluktuation in den Betrieben ist deutlich geringer als im Durchschnitt, die Identifikation der Mitarbeiter mit „ihrem" Unternehmen demgegenüber überdurchschnittlich hoch.

Als Marke die Zukunft sichern

Im Hinblick auf die demografische Entwicklung und auf den sich weiter verschärfenden Mangel an Fachkräften und Führungspersönlichkeiten, kommt der „Werbung" für die Region nach außen immer mehr Bedeutung zu. Mit dem Claim „Region der Weltmarktführer" besteht die Chance, die Region national und international als wiedererkennbare Marke zu positionieren und damit die Zukunft der Region nachhaltig zu sichern. Dazu braucht es Entschlossenheit, Konsequenz und ein gemeinsames Bewusstsein. Dieses ist in der Region über die Kreisgrenzen hinweg vorhanden und wird von den Unternehmen engagiert forciert.

HINWEISE FÜR DIE BENUTZER

Abkürzungen
Ein Verzeichnis über die im Lexikon verwendeten Abkürzungen finden Sie am Ende dieses Buches.

Reihenfolge der Einträge
Die Unternehmen sind in alphabetischer Reihenfolge angeordnet. Ziffern werden vor Buchstaben angeordnet.

Schreibung
Die Schreibung in diesem Lexikon richtet sich im Allgemeinen nach den Regeln der Duden-Rechtschreibung und nach den Empfehlungen der Duden-Redaktion. In Einzelfällen wird davon abgewichen, v. a. wenn es sich um geschützte Markennamen oder patentierte Technologien handelt.

Verweisen
Der Verweispfeil (→) zeigt an, dass unter der dahinterstehenden Firmenbezeichnung ein eigener Eintrag im Lexikon zu finden ist.

Vollständigkeit
Besonders in den Bereichen „Innovation", „Auszeichungen" und „Literatur" inder Rubrik „Daten & Fakten" wurde bei den aufgeführten Informationen eine Auswahl getroffen. Meist wruden hier die wichtigsten bzw. aktuellsten Fakten berücksichtigt. Eine umfassende Wiedergabe lässt der begrenzte Raum des Lexikoneintrags mitunter nicht zu.

ALFI

ALFI

Die alfi GmbH nimmt nach eigenen Angaben weltweit den ersten Platz für Premium-Isoliergefäße ein, die sowohl von Endverbrauchern genutzt als auch in Hotellerie und Gastronomie eingesetzt werden. Teil des Produktportfolios sind isolierende Kannen, Flaschen, Trinkbecher, Speisegefäße, Getränkespender, Flaschenkühler und Eiseimer. Mit diesem Sortiment können Lebensmittel und Getränke am Tisch oder unterwegs wahlweise heiß oder kalt gehalten werden. Zu den Innovationen aus dem Hause alfi zählen spülmaschinenfeste, z. T. thermisch desinfizierbare Isolierkannen, Isolierkannen für Tee-Direktzubereitung oder Isoliertrinkflaschen mit einem patentierten Trinkverschluss, der dicht und spülmaschinenfest ist und sich einhändig bedienen lässt. Auf die Isolierleistung der Produkte gewährt alfi fünf Jahre Garantie, zehn Jahre lang besteht eine Nachkaufgarantie für Ersatzteile. In Anlehnung an den Konsumwandel werden permanent Isolierprodukte für neue Einsatzbereiche, z. B. für sog. To-go-Angebote, entwickelt sowie neue Isoliertechnologien erforscht. alfi erhielt weit über 50 internationale Designpreise, darunter den Designpreis Deutschland oder den PlusX Award. Am zentralen Firmensitz in Wertheim am Main, wo auch die Produktion angesiedelt ist, beschäftigt alfi rd. 200 Mitarbeiter und erwirtschaftet einen Jahresumsatz von 22 Mio. Euro. Für den bundesweiten Vertrieb und die persönliche Kundenbetreuung sorgen die Außendienstmitarbeiter von alfi. Für das Auslandsgeschäft besteht eine Zusammenarbeit mit Distributeuren in 90 Ländern. Dabei exportiert das Unternehmen ca. 40 % der Produkte. Carl und Sophie Zitzmann gründeten alfi im Jahr 1914 in Fischbach an der Rhön. Nach dem Zweiten Weltkrieg erfolgte die Umsiedlung nach Wertheim am Main. 1987 wurde alfi zum ersten Tochterunternehmen der WMF AG in Geislingen. Künftig will sich die Firma alfi, die durch umweltfreundliche Produktion und recyclingfähige Materialien großen Wert auf Nachhaltigkeit legt, noch deutlicher als Outdoor-Spezialist profilieren.

SCHON GEWUSST?

- Die alfi-Isolierkanne Juwel trägt den Spitznamen „Kanzlerkanne". alfi-Kannen sind auf der politischen Bühne nämlich immer mit dabei: vom Bundeskabinett bis zum G8-Gipfel.
- Neben hohem Gebrauchsnutzen und bester Qualität stehen alfi-Produkte für eigenständiges, visionäres und langlebiges Design. Design ist für alfi ein wesentlicher Wettbewerbsfaktor. Deshalb arbeitet alfi mit den renommiertesten Designern weltweit zusammen – von Ole Palsby bis Philippe Starck. Im Sortiment befinden sich Designklassiker wie z. B. die Kugelkanne. alfi-Produkte werden deshalb allerdings auch immer wieder kopiert. Der Negativpreis Plagiarius wurde bereits mehrfach an alfi-Kopisten „verliehen".

DATEN UND FAKTEN

Branche: Haushaltswaren

Produkte: Isolierkannen, Flaschen, Trinkbecher (Mugs), Speisegefäße, Getränkespender, Flaschenkühler, Eiseimer

Marktposition: weltweit führend bei Premium-Isoliergefäßen (Endverbraucher und Hotellerie/Gastronomie)

Umsatz: 22 Mio. Euro

Mitarbeiter: ca. 200

Ausbildungsquote: 3 %

Standorte: Wertheim am Main

Vertrieb: im Inland bundesweite Außendienstorganisation, beim Export Zusammenarbeit mit Distributeuren in 90 Ländern

Exportanteil: 40 %

Patente: mehr als 100 gewerbliche Schutzrechte

KONTAKT

alfi GmbH
Ernst-Abbe-Str. 14
97877 Wertheim

Die Isolierkanne „Juwel" von alfi ist zum Klassiker avanciert.

In Wertheim am Main hat das Unternehmen seinen Stammsitz (Mitte), geleitet wird die alfi GmbH von den beiden Geschäftsführern Bernhard Mittelmann und Hubert Sauter.

ALFRED KÄRCHER

Die Alfred Kärcher GmbH & Co. KG ist Weltmarktführer im Bereich Reinigungstechnik.

📞 (0 93 42) 8 77-0
📠 (0 93 42) 8 77-1 60
✉ contact@alfi.de
🖥 www.alfi.de

📞 (0 71 95) 14-0
📠 (0 71 95) 14-22 12
✉ info@karcher.com
🖥 www.karcher.com

ALFRED KÄRCHER

Die Alfred Kärcher GmbH & Co. KG ist der weltweit größte Hersteller von Reinigungsgeräten. Zur Produktpalette gehören Hochdruckreiniger, Sauger und Dampfreiniger, Kehr- und Scheuersaugmaschinen, Kfz-Bürstenwaschanlagen, Reinigungsmittel, Trockeneis-Strahlgeräte, Trink- und Abwasseraufbereitungsanlagen, Wasserspender sowie Pumpen für Haus und Garten mit umfangreichem Bewässerungszubehör. Das Familienunternehmen beschäftigt in 48 Ländern mehr als 7.400 Mitarbeiter, darunter 1.100 in der Region Heilbronn-Franken. Für eine lückenlose Versorgung der Kunden auf der ganzen Welt sorgen 50.000 Servicestellen in über 190 Ländern. Innovation ist für Kärcher der wichtigste Wachstumsfaktor: Etwa 85 % aller Produkte, die der Weltmarktführer vertreibt, sind fünf Jahre alt oder jünger. In den Entwicklungszentren des Reinigungsgeräteherstellers arbeiten mehr als 600 Ingenieure und Techniker. Der Jahresumsatz 2010 belief sich auf 1,5 Mrd. Euro, davon wurden 85 % im Ausland erlöst. Die Inhaberfamilie beschäftigt ein externes Management, Vorsitzender der Geschäftsführung der Alfred Kärcher GmbH & Co. KG ist seit zehn Jahren Hartmut Jenner. 1935 gründete Alfred Kärcher das Unternehmen in Stuttgart-Bad Cannstatt. Zunächst befasste er sich fast ausschließlich mit der Konstruktion, Herstellung und dem Vertrieb von Heizsystemen. 1950 brachte Alfred Kärcher den ersten europäischen Heißwasser-Hochdruckreiniger auf den Markt. Nach Kärchers Tod 1959 führte dessen Frau Irene die Firma weiter. Ab 1974 konzentrierte sich das Unternehmen ganz auf die Hochdruckreinigung. Mit der Einführung des ersten tragbaren Hochdruckreinigers 1984 stieg Kärcher auch in den Endverbrauchermarkt ein; das Programm wurde seitdem um viele Produkte für den privaten Gebrauch ergänzt, darunter der erste vollautomatische Reinigungsroboter.

KONTAKT

Alfred Kärcher GmbH & Co. KG
Alfred-Kärcher-Str. 28-40
71364 Winnenden

ALIMAK HEK

Die Alimak Hek Gruppe mit Stammsitz in Stockholm/Schweden ist Weltmarktführer für Lösungen in der Höhenzugangstechnik. Der Sitz der deutschen Vertriebsgesellschaft liegt im baden-württembergischen Eppingen. Triton Advisers, eine private europäische Beteiligungsgesellschaft, fungiert als Eigentümer. Für die AH GmbH Deutschland zeichnet Wolfgang G. Renz führungsverantwortlich. Das Unternehmen agiert im Verkauf und in der Vermietung mastgeführter Kletter- und Transportbühnen. Hinzu kommen Bauaufzüge mit und ohne Personenbeförderung und der Vertrieb von Industrieaufzügen. Alimak Hek verfügt über vier Geschäftsbereiche: Verkauf Neugeräte, Verkauf Industrieaufzüge, Vermietgeschäft und After Sales. Darüber hinaus ergänzen Zusatzleistungen und Vor-Ort-Services wie Inspektionen und Wartungen das Angebot. Softwaregestützte Entwicklungen wie z. B. das A3-System als Instrument direkten Online-Fernzugriffs auf die Aufzüge sind technologieführendes Element. Dazu zählen des Weiteren die HEK Modular Range, ein Hochgeschwindigkeits-Bauaufzug sowie der extra große Bauaufzug Alimak Scando 650 FC-XL. Zu den Abnehmern weltweit gehören neben Gerüstbauern auch große Bauunternehmen wie Züblin, Bilfinger Berger und Hochtief. Energieerzeuger, Kraftwerke, Zementwerke und die Offshore-Industrie erweitern das Kundenspektrum. Alimak Hek operiert weltweit mit zahlreichen Niederlassungen und rd. 1000 Mitarbeitern, in Deutschland sind etwa 30 Beschäftigte für das Unternehmen tätig. Die Gruppe hält diverse Patente und ist an Projekten wie der Sanierung des Eiffelturmes (1990), dem Bau des Burj al Arab (1996) sowie der Sanierung der Deutschen Bank (2009) oder dem Neubau der Deutschen Börse (2010) beteiligt.

KONTAKT

Alimak Hek GmbH
Frauenbrunner Str. 25
75031 Eppingen
📞 (0 72 62) 72 62-0
📠 (0 72 62) 72 62-50
✉ info@alimakhek.de
🖥 www.alimakhek.com

Alimak Hek ist Weltmarktführer für individuelle Höhenzugangslösungen.

AMPHENOL-TUCHEL ELECTRONICS

AMPHENOL-TUCHEL ELECTRONICS

Die Amphenol-Tuchel Electronics GmbH ist eine Tochtergesellschaft der US-amerikanischen Amphenol Corporation, des weltweit zweitgrößten Herstellers elektrischer Steckverbinder. Das Heilbronner Unternehmen behauptet eine marktführende Position im Bereich der Rundstecker aus Kunststoff, der Hochstromsteckverbinder, der Airbag- und Hybridstecker sowie der SIM-Kartenleser im Mobilfunk. Zu den Kunden gehören weltweit aufgestellte Zulieferer des Maschinen- und Anlagenbaus, der Medizintechnik sowie der Automobil- und Mobilfunkindustrie. Die in den drei Geschäftsbereichen Industrie, Automotive und Mobilfunk angebotenen Steckverbinder aus Kunststoff und Metall dienen dazu, elektrische Verbindungen lösbar herzustellen. Neben industriellen Anwendungen in diversen Gebieten des Anlagenbaus wie z. B. bei Textil-, Verpackungs- oder Druckmaschinen kommen die Verbinder auch zwecks Daten- und Signalkommunikation zum Einsatz. So sind sie nicht nur in Chipkartenlesern für Bezahlsysteme oder in Lkw-Fahrtenschreibern integriert, sondern auch in tragbaren Geräten wie Handys, Tablet-PCs oder GPS-Systemen. Die weltweite Präsenz ermöglicht es Amphenol-Tuchel, eng mit den Abnehmern vor Ort zusammenzuarbeiten. Auf diese Weise entstehen individuell ausgelegte Steckverbinderlösungen. Die kontinuierliche Forschung in den Entwicklungszentren in Heilbronn, den USA, Indien und China

Die schematische Darstellung zeigt am Beispiel Traktor, wo die Steckverbindungen ihren Dienst verrichten.

trägt maßgeblich zur hohen Kompetenz bei Steckverbindern zur Übertragung hoher Ströme in rauer Umgebung bei. Eine weitere technische Kernkompetenz ist die Miniaturisierung der Produkte. Der Zukunft blickt das Unternehmen durch die gezielte Ausrichtung auf die wachsenden Märkte Elektromobilität, regenerative Energien und Automatisierungstechnik erwartungsvoll entgegen. Ulrich Tuchel gründete die Tuchel-Kontakt GmbH 1955 in Heilbronn. Von Beginn an lag der Fokus auf der Herstellung elektrischer Steckverbinder. Im Jahr 1967 wurde der Betrieb nach dem Verkauf an die Amphenol-Borg GmbH umfirmiert in Amphenol-Tuchel Electronics GmbH. Mit den ersten Konzepten für Airbag-Stecker begann 1974 eine Annäherung an die Automobilindustrie. Ab 1984 bereicherten patentierte SmartCard-Connectoren zur Kontaktierung von Chipkarten das Portfolio. Die Gründung der Dachgesell-

Die dt. Tochtergesellschaft des internat. agierenden Unternehmens hat ihren Sitz in Heilbronn.

Für die Beleuchtung des Eiffelturms sorgen u. a. Steckverbindungen von Amphenol-Tuchel.

ANSMANN

Die Steckverbinder werden in verschiedenen Modellgruppen angeboten für die Bereiche Industrie, Automotive und Mobilfunk.

Der Stammsitz (Mitte) des Unternehmens, das von Edgar Ansmann (unten) 1991 gegründet wurde, befindet sich in Assamstadt, Baden-Württemberg.

EINFACH ERKLÄRT: RADSOK® HOCHSTROMKONTAKTE

Radsok® Hochstromkontakte sind elektrische Steckverbinder, die speziell für die Verbindung elektrischer und elektronischer Komponenten bei hoher Leistung ausgelegt sind. Sie spielen z. B. eine wichtige Rolle in der Konzeption elektrischer Automobile. Die steigende Anzahl elektrischer Komponenten in Fahrzeugen führt zu höheren Anforderungen, die herkömmliche Steckverbindungstechnologien relativ schnell überfordern. Mit Radsok® bietet die Amphenol-Tuchel Electronics GmbH eine neue Generation von Leistungskontakten, welche bereits heute die Bedürfnisse der Zukunft berücksichtigt. Dabei bietet die sog. hyperbolische Bauweise viele Vorteile. So ist u. a. ein bis zu 75 % schnelleres Anschließen als bei einem Schraubanschluss möglich. Neben einer Kontaktüberdeckung von bis zu 65 % bewältigt der Verbinder auch die Absorption von Vibrationen und gewährleistet die dauerhafte Stabilität des Kontaktelements. Stromübertragungen sind bei hoher Steckzyklenzahl bis zu einem Wert von über 300 A problemlos möglich.

MEILENSTEINE

1955 In Heilbronn gründet Ulrich Tuchel die Tuchel-Kontakt GmbH.

1967 Umfirmierung in Amphenol-Tuchel Electronics GmbH nach dem Verkauf an die Amphenol-Borg GmbH.

1980 Das Unternehmen liefert Steckverbinder für die ersten serienmäßig gefertigten Airbags.

1984 SmartCard Connectoren zur Kontaktierung von Chipkarten werden zum Patent angemeldet.

1986 Gründung der heutigen Dachgesellschaft Amphenol Corporation

1988 Amphenol-Tuchel lässt einen SIMLOCK-Leser zur Kontaktierung von SIM-Karten patentieren.

schaft Amphenol Corporation erfolgte zwei Jahre später. Heute unterhält die Amphenol-Tuchel Electronics GmbH Produktionsstandorte in Deutschland, der Tschechischen Republik, Tunesien, Mexiko, Indien und China. Weitere Niederlassungen befinden sich in Frankreich und den USA. Mit weltweit 2.600 Mitarbeitern erwirtschaftete das Unternehmen im Jahr 2010 80 % des Umsatzes durch das Exportgeschäft.

DATEN UND FAKTEN

Produkte: Elektrische Steckverbinder und Verkabelungen

Mitarbeiter: 2.600 weltweit (2010)

Standorte: Entwicklungszentren in Heilbronn, USA, Indien und China; Werke in Deutschland, der Tschechischen Republik, Tunesien, Mexiko, Indien, China; weitere Niederlassungen in Frankreich und den USA

Exportquote: 80 %

Gründer: Ulrich Tuchel, 1955, Heilbronn

Eigentümer: Amphenol Corporation in Wallingford, USA

Geschäftsführung: John Treanor (Automotive), Dr. Christian Ellwein (Industrie), Cyril Damnon (Mobile)

KONTAKT

Amphenol-Tuchel Electronics GmbH
August-Häusser-Str. 10
74080 Heilbronn
✆ (0 71 31) 9 29-0
📠 (0 71 31) 9 29-4 86
✉ info@amphenol.de
🖥 www.amphenol.de

ANSMANN

Das Produktportfolio der Ansmann AG umfasst hochwertige Lade- und Netzteile, Lampen sowie Technologien für Elektrofahrräder. Neben Akkus, Batterien und Ladegeräten werden außerdem Energielösungen für den Unterhaltungs- und Fotobereich entwickelt und angeboten. Weitere wichtige Bereiche sind die Ansmann Racing (Modellbau) sowie der Geschäftsbereich Industrielösungen, der sich um maßgeschneiderte Energielösungen für die unterschiedlichsten Geräte anderer

ANSMANN

MEILENSTEINE

1991 Edgar Ansmann legt in seiner privaten Garage den Grundstein für das heute weltweit agierende Unternehmen.

2007 Die ANSMANN GmbH wird in die ANSMANN AG (nicht börsennotiert) umgewandelt. Ausgesprochener Wunsch ist es, den Mitarbeitern die Möglichkeit einer Beteiligung am Stammkapital zu geben.

2008 Die Firma wird mit dem Großen Preis des Mittelstandes der Oskar-Patzelt-Stiftung, dem bedeutendsten Mittelstandspreis in Deutschland, ausgezeichnet.

2010 Die neu gegründete Abteilung „Mobile-Drive-Technolgy" erschließt den Fahrradbereich.

Hersteller kümmert. Mit der Reihe an hochwertigen Ladesystemen für alle gängigen Akkusysteme ist die Ansmann AG Weltmarkt- bzw. Technologieführer. U. a. wurde die Gerätelinie ZeroWatt zum Patent angemeldet. Als besonderen Service bietet Ansmann seinen internat. Kunden u. a. Schulungen in einer eigenen Academy. Das 1991 von Edgar Ansmann gegründete Unternehmen hat sich in den vergangenen zwei Jahrzehnten zum weltweit agierenden Energiespezialisten mit weltweit ca. 350 Mitarbeitern und einem Jahresumsatz von rd. 40 Mio. Euro entwickelt. Die Produktionsstandorte befinden sich in Deutschland, den USA und China, wobei neben dem Hauptlager in Assamstadt weitere Lager in Großbritannien und ein eigenes Logistik-Center bei Hong Kong für reibungslose Logistik sorgen. Mit sieben internat. Tochterfirmen und über 50 Word-Sales-Partnern ist die Ansmann AG über den ganzen Erdball verteilt aufgestellt. Im Inland kümmert sich ein Team von Key-Account-Managern und Außendienstmitarbeitern um die Kunden. Im Juli 2007 wurde die Ansmann GmbH in die nicht börsennotierte Ansmann AG umgewandelt. Im Wachstumsmarkt mobile Energie entwickelt Ansmann fortlaufend innovative Produkte und Lösungen. Dabei werden die Aktivitäten auch auf neue Segmente ausgeweitet, wie z. B. durch die Abteilung Mobile-Drive-Technology (MDT) im Segment Elektrofahrräder. Neben dem Konsumbereich soll künftig das Geschäftsfeld MDT (Elektrofahrräder) und Energielösungen im industriellen Geschäftsfeld erweitert werden. Mit einer eigenen Entwicklungsabteilung sorgt das Unternehmen für die gleichbleibend zuverlässige und hohe Qualität seiner Produkte.

DATEN UND FAKTEN

Branche: Elektroindustrie

Umsatz: 40 Mio. Euro (2009)

Mitarbeiter: 352 (weltweit, 2009)

Ausbildungsquote: ca. 12 %

Standorte: Deutschland, USA und China (Produktion); 7 Tochterfirmen (Großbritannien, Hong Kong, Italien, Frankreich, Lettland, Schweden und USA)

Vertrieb: über Key-Account-Manager und Außendienstmitarbeiter (Inland); Tochtergesellschaften und über 50 Word-Sales-Partner (Ausland)

Auslandsanteil: ca. 30 % des Umsatzes (2009)

Innovationen: 1997: Multiadapter (patentiert); 2009: ZeroWatt-Technologie (Pat. pending); 2010: zweiteilige Magnetscheibe für Pedelec-Sensor von Elektrofahrrädern (Pat. pending)

F&E-Quote: 1,5 Mio. Euro/Jahr; 30 Mitarbeiter für F&E

KONTAKT

ANSMANN AG
Industriestr. 10
97959 Assamstadt
📞 (0 62 94) 42 02-0
📠 (0 62 94) 42 02-44
✉ info@ansmann.de
🖥 www.ansmann.de

Das Produktportfolio der ANSMANN AG umfasst u. a. hochwertige Ladegeräte und Netzteile.

ATMEL

ARMATURENFABRIK FRANZ SCHNEIDER

Die Armaturenfabrik Franz Schneider GmbH & Co. KG gehört zu den weltweit führenden Herstellern von Armaturen sowie Zubehör für Mess- und Regeltechnik. Größter Geschäftsbereich ist die Fertigung von Industriearmaturen für Kraftwerke oder die Chemieindustrie. Unternehmen wie RWE, Shell, Siemens oder Bayer zählen hier zu den Kunden. Bei der Produktion von Großdieselmotoren für Schiffsantriebe und zur Stromerzeugung liefert Franz Schneider Ventile und ist in dieser Nische der weltweite Marktführer. Kunden sind hier u. a. Caterpillar, Deutz, General Electric und Rolls-Royce. Außerdem produziert die Armaturenfabrik Metallteile und Baugruppen für Firmen der Autoindustrie, etwa BMW, Daimler und VW sowie deren Zulieferer. Das Familienunternehmen mit Sitz in Nordheim beschäftigt 220 Mitarbeiter und erwirtschaftet jährlich einen Umsatz von gut 40 Mio. Euro. Der Auslandsanteil liegt bei rund 33 %. Die Geschäfte des Unternehmens leitet Frank Zimmermann. Neben den zwei dt. Produktionsstätten in Nordheim wurde im Jahr 2005 eine dritte Fabrik in Rumänien eröffnet. Franz Schneider sen. gründete das Unternehmen 1875 als feinmechanische Werkstatt in Heilbronn. Anfangs reparierte man Fahrräder und Nähmaschinen. Später produzierte die Firma Präzisionswaagen, dann Waagen und Armaturen. 1937 spaltete sich die Werkstatt in zwei Firmen, eine davon konzentrierte sich auf die Fertigung von Armaturen. Seit 1995 firmiert die Armaturenfabrik als GmbH & Co. KG.

KONTAKT

Armaturenfabrik Franz Schneider GmbH & Co. KG
Bahnhofsplatz 12
74226 Nordheim
📞 (0 71 33) 1 01-0
✉ info@as-schneider.com
🖥 www.as-schneider.com

ATMEL

Die Atmel Automotive GmbH, ein Tochterunternehmen der 1984 gegründeten Atmel Corporation, gehört zu den führenden Herstellern innovativer Automobilelektronik. Das Unternehmen behauptet mit seinen integrierten Schaltkreisen die Technologieführerschaft in den Bereichen Mikrocontroller, kapazitive Touchscreen-Lösungen, ICs für In-vehicle-Networking, ICs für automobile Zugangssysteme, z. B. für Funkfernschlüssel, ICs für Batteriemanagement für Hybrid- und Elektrofahrzeuge sowie nichtflüchtige EEPROM-Speicher. Im Bereich Forschung und Entwicklung liegt der Schwerpunkt auf der Analog-Mixed-Signal-IC-Entwicklung, so genannten „Embedded Systems" und „System-on-Chip". Die führenden Produkte von Atmel zeichnen sich durch ihre innovative Gehäusetechnologie, Hochintegration, geringen Stromverbrauch sowie ihre Hochtemperatur-Fähigkeit aus. Zu den besonderen Services des Unternehmens gehört v. a. die technische Unterstützung durch Applikationsingenieure und Design-Tools wie Entwicklungsboards oder Software. Der Kundenstamm umfasst Automobillieferanten und Hersteller von elektronischen Modulen bzw. Systemen für Fahrzeuge. Die Produktionsstandorte der Atmel Corporation befinden sich in Europa und den USA – hinzu kommen Test/Assembly auf den Philippinen. Zudem besitzt Atmel weltweite Design-Center und Vertriebsbüros. Als Geschäftsführer des aktiennotierten Unternehmens agiert Stephen Laub neben einem Verwaltungsrat. Rund 5.600 Mitarbeiter weltweit erwirtschafteten 2009 einen Jahresumsatz von 1,217 Mrd. Dollar. Seit 1997 gehört die Atmel Automotive GmbH, die aus der früheren Telefunken bzw. TEMIC hervorging, zur Atmel Corporation, USA.

KONTAKT

Atmel Automotive GmbH
Theresienstr. 2
74072 Heilbronn
📞 (0 71 31) 67-0
📠 (0 71 31) 67-23 40
🖥 www.atmel.com

AUDI

Die AUDI AG ist einer der weltweit größten Automobilhersteller mit Standorten in Ingolstadt, Neckarsulm, Györ (Ungarn), Changchun (China) und Brüssel (Belgien). Bis 2015 will Audi die Anzahl seiner Modelle auf 42 erweitern. Das Unternehmen ist in mehr als 100 internat. Märkten tätig und beschäftigt weltweit rund 58.000 Mitarbeiter, davon derzeit etwa 13.800 am Standort Neckarsulm – einer der weltweit traditionsreichsten Produktionsstandorte für Fahrzeuge. Neckarsulm trägt mit seiner Modelloffensive

Die AUDI AG ist einer der weltweit größten Automobilhersteller. Am Standort Neckarsulm beschäftigt das Unternehmen rund 13.800 Mitarbeiter.

wesentlich zum Unternehmenserfolg von Audi bei: Neben fünf neuen Modellen im Jahr 2010 – dem Audi R8 Spyder, A8, A8 L, A7 Sportback und der neuen A6 Limousine – steht Neckarsulm als Kompetenzzentrum im Konzern für Automobilleichtbau- und Motorenentwicklung. 1994 lief in Neckarsulm mit dem A8 der erste Audi mit einer Aluminiumkarosserie auf Basis des Audi Space-Frame-Konzepts (ASF) vom Band. Audis Pionierrolle im Aluminiumleichtbau hat sich zum führenden Kompetenzzentrum für Faserverbundstoffe entwickelt. Erklärtes Ziel des sogenannten Leichtbau-Technikums ist es, CFK in naher Zukunft in der Großserie wirtschaftlich zu industrialisieren. Intelligente Mobilitätskonzepte für die Zukunft unterstreichen den Audi-Claim „Vorsprung durch Technik". So kommt Ende 2012 der in Neckarsulm gebaute Elektrosportwagen e-tron, der technisch an den Audi R8 angelehnt ist, auf den Markt. Ebenfalls in Neckarsulm angesiedelt ist die Sportmotorenentwicklung, deren Rennmotoren schon bei den 24 Stunden von Le Mans und den DTM-Rennen erfolgreich waren. Im 2005 eröffneten Audi Forum Neckarsulm waren seither mehr als eine Million Besucher zu Gast. Das Audi Forum ist Bühne von über 600 Veranstaltungen und Ausgangspunkt für über 4.000 Werkführungen pro Jahr. Seit mehr als 100 Jahren werden in Neckarsulm Automobile gebaut. Am Anfang dieser Entwicklung stand die zunächst als Neckarsulmer Strickmaschinenfabrik gegründete Firma NSU. 1969 fusionierte sie mit der Auto Union GmbH zur Audi NSU AUTO UNION AG. Mit der Umbenennung in AUDI AG verlegte die Aktiengesellschaft 1985 ihren Hauptsitz nach Ingolstadt.

KONTAKT

AUDI AG
NSU-Str. 1
74148 Neckarsulm
✆ (08 00) 2 83 44 68
🖶 (08 41) 8 94 18 60
✉ welcome@audi.de
🖥 www.audi.de

BARTEC

Die BARTEC GmbH, Marktführer im Bereich Explosionsschutz in Europa, rangiert im Marktsegment der industriellen Sicherheitstechnik weltweit unter den ersten drei Unternehmen. Die Produkte finden überall dort

Im Bereich Explosionsschutz und in der industriellen Sicherheitstechnik rangiert BARTEC weltweit unter den führenden Unternehmen. Größter Einzelauftrag war die Lieferung von Analysensystemen an die KINEF-Raffinerie im russischen Kirishi im Wert von über 15 Mio. US-Dollar.

Einsatz, wo durch gefährliche Stoffe wie brennbare Flüssigkeiten, Gase und Stäube die Bedingungen für eine Explosion gegeben sind. Sie dienen der Sicherheit von Mensch und Umwelt, indem sie das gemeinsame Auftreten der für eine Explosion notwendigen Komponenten unterbinden. Zu den Kunden zählen vor allem Unternehmen der Öl- und Gasindustrie sowie Chemie-, Petrochemie- und Pharmaziekonzerne aus den unterschiedlichsten Regionen der Welt. Weitere Anwendungsbereiche bestehen u. a. im Flugzeugbau und im Bergbau. Neben dem Vertrieb der Produkte bietet BARTEC eine Reihe von Dienstleistungen rund um die Errichtung und Inbetriebnahme der Anlagen und veranstaltet in der BARTEC Safe.t Academy Seminare zum Thema Explosionsschutz. Das Portfolio des Unternehmens umfasst die Produktbereiche Analysen- und Messtechnik, Wärmetechnik, Automatisierungstechnik, Steuer- und Verbindungstechnik, Kommunikations- und Sicherheitssysteme, Mess- und Datenerfassungssysteme, Elektrotechnik für den Bergbau sowie Schaltanlagen und Motoren. Jedes Jahr fließen 5 bis 10 % des Umsatzes in Forschung und Entwicklung. Zu den neuesten Innovationen zählen u. a. das Ex-Handy PEGASUS sowie die für den explosionsgefährdeten Bereich zugelassene Panel PC-Serie POLARIS und der Mobile Computer MC 9090^{ex}. Reinhold A. Barlian gründete das Unternehmen 1975 in Bad Mergentheim. Er begann mit der Entwicklung von Sicherheitsschaltern für Zapfsäulen und konnte seinen Ein-Mann-Betrieb rasch erweitern. Bereits vier Jahre später leitete das junge Unternehmen mit der Errichtung von Niederlassungen in Frankreich

Der Vorsitzende der Geschäftsführung von BARTEC Dr. Ralf Köster (oben) und der Hauptsitz des Unternehmens in Bad Mergentheim.

BARTEC

Marktführend ist BARTEC im Bereich Explosionsschutz und industrielle Sicherheitstechnik (oben); das Ex-Handy PEGASUS zählt zu den neuesten Innovationen des Unternehmens (unten).

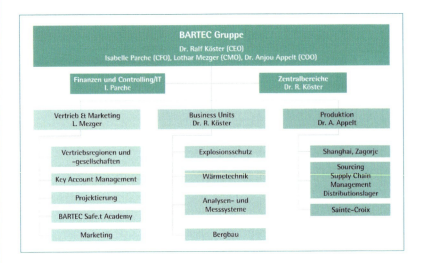

und den Niederlanden die weltweite Expansion ein. Es folgten Vertriebsgesellschaften in Asien und Amerika sowie ein kontinuierlicher Ausbau der Produktionsstätten. Zu den wichtigsten Aufträgen der Firmengeschichte gehört 1996 die Lieferung und Installation explosionsgeschützter Wärmetechnik für die Raffinerie Leuna mit einem Gesamtwert von 10 Mio. Euro. Heute unterhält das Unternehmen zehn Produktionsstandorte sowie 28 Vertriebsgesellschaften. Mit weltweit rund 1.400 Mitarbeitern plant BARTEC im Geschäftsjahr 2010/2011 einen Umsatz von ca. 240 Mio. Euro bei einer Exportquote von ca. 80 %. In Zukunft strebt das Unternehmen den weiteren Ausbau der Internationalisierung an, mit besonderem Fokus auf das Servicegeschäft.

DATEN UND FAKTEN

Branche: Explosionsschutz / Industrielle Sicherheitstechnik

Produkte: Komponenten und Lösungen der Analysen- und Messtechnik, Automatisierungstechnik, Wärmetechnik, Kommunikations- und Sicherheitssysteme, Steuer- und Verbindungstechnik, Mess- und Datenerfassungssysteme, Elektrotechnik für den Bergbau, Schaltanlagen und Motoren

Umsatz: 240 Mio. Euro (2010/2011)

Mitarbeiter: 1.400 weltweit

Standorte: Bad Mergentheim; Gotteszell; Menden; Reinbek/Hamburg; Sainte-Croix, Schweiz; Zagorje, Slowenien; Nottingham, Großbritannien; Shanghai/Changzi, China; Stavanger, Norwegen

Vertrieb: 28 Vertriebsgesellschaften weltweit, über 50 Handelsvertreter als Distributionspartner

Innovationen: ATEX Service (2004), Panel PC-Serie POLARIS (2006), Mobile Computer MC 9090^{ex} (2007), Ex-Handy PEGASUS (2009)

EINFACH ERKLÄRT: EXPLOSIONSSCHUTZ

Explosionen entstehen meist, wenn drei Dinge zusammenkommen: ein brennbarer Stoff, die passende Menge an Sauerstoff und eine Zündquelle. Bei gezielt eingesetzten Explosionen wie z. B. im Verbrennungsmotor oder beim Gasfeuerzeug sind dies: Benzin oder Gas, Luft und ein Zündfunke. Die explosionsfähigen Mischverhältnisse eines brennbaren Stoffes mit Sauerstoff nennt man den Explosionsbereich. Der primäre Explosionsschutz zielt darauf, die Bildung solch eines explosionsfähigen Gemischs auszuschließen. In einigen Arbeitsumgebungen wie in chemischen Fabriken, Raffinerien, Lackierereien oder in Mühlen und Lagern für Mahlprodukte ist die Entstehung eines Explosionsbereichs jedoch unvermeidlich. In einem Raum normaler Höhe kann schon eine Staubschicht von 1 mm, wenn sie aufgewirbelt wird, ein explosionsfähiges Gemisch mit Luftsauerstoff bilden. Hier sind Maßnahmen des sekundären Explosionsschutzes erforderlich. Sie zielen darauf, mit technischen Mitteln jeglichen Kontakt des Gemischs mit Zündquellen wie Reib- und Schlagfunken oder elektrostatischen Aufladungen zu vermeiden.

BAUSCH+STRÖBEL

Auszeichnungen: Regula Award (2006); Innovationspreis der Deutschen Industrie (2007); AUTOMATION AWARD (2007); expo petrotrans Innovation Award (2008); TOP 3 PROCESS Innovation Award (2009); erfolgreiche Teilnahme am Unternehmensvergleich TOP 100 (2009)

Gründer: Reinhold A. Barlian, 1975, Bad Mergentheim

Geschäftsführung Dr. Ralf Köster (Vors.), Dr. Anjou Appelt, Lothar Mezger, Isabelle Parche

MEILENSTEINE

1975 Reinhold A. Barlian gründet das Unternehmen in Bad Mergentheim und entwickelt als erstes Produkt einen Sicherheitsschalter für Zapfsäulen.

1979 BARTEC errichtet Niederlassungen in Frankreich und den Niederlanden.

1987 Das Unternehmen expandiert nach Asien und erschließt 1994 seinen ersten Standort in den USA.

2003 Die Übernahme von Unternehmensteilen der Benke Instrument & Elektro GmbH in Reinbek/Hamburg resultiert in der Gründung des neuen Geschäftsbereichs BARTEC Benke.

2006 Mit der Lieferung von Analysensystemen für Russland im Wert von über 15 Mio. US-Dollar verbucht BARTEC den bislang größten Auftrag der Firmengeschichte.

2008 Die Schweizer Beteiligungsgesellschaft Capvis übernimmt die Mehrheit der BARTEC-Anteile.

2009 BARTEC erhält die Auszeichnung als eines der 100 innovativsten Unternehmen im deutschen Mittelstand.

KONTAKT

BARTEC GmbH
Max-Eyth-Straße 16
97980 Bad Mergentheim
✆ (0 79 31) 5 97-0
📠 (0 79 31) 5 97-1 19
✉ info@bartec.de
🖥 www.bartec.de

Ansprechpartner Presse & Öffentlichkeit:
Daniela Deubel
✆ (0 79 31) 5 97-3 24
✉ daniela.deubel@bartec.de

BAUSCH+STRÖBEL

Die Bausch+Ströbel Maschinenfabrik Ilshofen GmbH & Co. KG zählt zu den Weltmarktführern im Verpackungsmaschinenbau für die Pharmaindustrie. Die Anlagen des Spezialmaschinenbauers dienen hauptsächlich der Verarbeitung von flüssigen und pulverförmigen Arzneimitteln. Das große Portfolio an Einzelmaschinen reicht von Reinigungs- und Füllmaschinen für pharmazeutische Behältnisse wie z. B. Ampullen, Vials, Karpulen oder Einmalspritzen bis hin zu komplexen Verschließ-, Etikettier- und Verpackungsmaschinen. Dabei agiert das Unternehmen zunehmend als Systemanbieter von individuell angepassten Großanlagen, die vom Reinigen über das Sterilisieren, Befüllen, Verschließen, Kontrollieren, Etikettieren und Verpacken sämtliche Arbeitsschritte vollautomatisch übernehmen. Zu den Kunden zählen sämtliche namhaften Pharmaunternehmen weltweit. Diesen bietet Bausch+Ströbel über die gesamte Lebensdauer der Maschinen ergänzende Dienstleistungen wie die erforderliche Umrüstung oder Anpassung an neue Produktionsprozesse. Am Stammsitz Ilshofen beschäftigt Bausch+Ströbel rund 950 Mitarbeiter, hinzu kommen kleinere Produktionsstätten in Büchen und in den USA. Der weltweite Vertrieb erfolgt über ca. 50 Distributions- und Handelspartner, außerdem bestehen Beteiligungen an Vertriebs- und Serviceniederlassungen in den Niederlanden, Frankreich, den USA, Russland und Japan. Die Anfänge des Unternehmens reichen in das Jahr 1967 zurück, als Rolf Ströbel, Wilhelm Bausch und Siegfried Bullinger eine Ampullen-Füll- und -Verschließmaschine für Haarfestiger erfanden. Als erster Hersteller überhaupt entwickelten sie einen Prozess für

Bausch+Ströbel ist in Ilshofen verwurzelt: das erste Firmengebäude (oben) und der heutige Stammsitz (unten).

Vials, Karpulen, Einmalspritzen und Ampullen (v. l.) werden in Anlagen von Bausch+Ströbel verarbeitet.

BAUSCH+STRÖBEL

Bausch+Ströbel entwickelt und baut Spezialmaschinen für die pharmazeutische Industrie (oben, Mitte), Siegfried Bullinger und Markus Ströbel sind Geschäftsführer (unten, v. l.).

Im Bereich Spritzenverarbeitung sind Anlagen von Bausch+Ströbel führend.

die Verarbeitung von Flaschen und Ampullen, der ein kontinuierliches Befüllen und Verschließen ermöglichte. Nach dem Bezug des ersten eigenen Firmengebäudes in der Gemeinde Ilshofen im Jahr 1967 verzeichnete der ehemalige Garagenbetrieb ein kontinuierliches Wachstum. So entstand 1971 die erste vollautomatische Verarbeitungsanlage für Einmalspritzen. Diese wurde von Bausch+Ströbel kontinuierlich technisch weiterentwickelt, und noch heute ist das Unternehmen in diesem Bereich führend. Nach dem Ausscheiden der Mitgründerfamilie Bausch befindet sich das Unternehmen vollständig im Besitz der Familien Bullinger und Ströbel. Siegfried Bullinger und Markus Ströbel, Sohn des Gründungsgesellschafters Rolf Ströbel, sind gemeinsam für die Geschäftsführung verantwortlich. Für die Zukunft plant Bausch+Ströbel die Erweiterung des Hauptsitzes in Ilshofen, um für weiteres Wachstum gerüstet zu sein. Bei der Entwicklung neuer Maschinen wird zunehmend die Ressourcenschonung im Vordergrund stehen. So wird u. a. daran gearbeitet, dass die Anlagen in Zukunft nicht nur energieeffizient sind, sondern auch weniger Wasser und Reinigungsmedien verbrauchen.

DATEN UND FAKTEN

Branche: Maschinenbau

Produkte: Verpackungs- und Produktionssysteme für die pharmazeutische Industrie

Marktposition: einer der Weltmarktführer im Verpackungsmaschinenbau für die Pharmaindustrie

BERÜHMTE ERFINDER: STRÖBEL, BAUSCH UND BULLINGER

Der Zufall stand Rolf Ströbel, Wilhelm Bausch und Siegfried Bullinger bei, als sie 1967 den Grundstein für den heutigen Erfolg von Bausch+Ströbel legten. Die jungen Tüftler, von denen noch keiner das 30. Lebensjahr erreicht hatte, fanden sich in einer Garage zusammen, um eine Füll- und Verschließmaschine für Haarfestiger-Ampullen zu konstruieren. Der penetrante Geruch des Haarfestiger-Behältnisses veranlasste sie, dieses nachts im Freien zu lagern. Dadurch ergab sich ein unerwarteter, aber entscheidender Vorteil: Dank der niedrigeren Temperatur schäumte das Füllgut nicht mehr so heftig. Dadurch konnte das Fülltempo entscheidend erhöht werden. Bestärkt durch die ersten Erfolge entwickelte das Trio zahlreiche patentierte Verfahren für die Verarbeitungsanlagen. Darunter befand sich z. B. ein mechanisches Messverfahren zur Überprüfung der Temperatur des Ampullenspießes, die für den Verschließvorgang ausschlaggebend ist. Darüber hinaus entwickelten sie das Verfahren der Wiegedosierung, das ein sehr genaues Dosieren des Präparats ermöglicht. Sie bauten damit die erste Maschine, mit der eine hundertprozentige In-Prozess-Kontrolle ohne Leistungseinbuße möglich war. Dieses Verfahren ist heute Standard in der Branche.

Mitarbeiter: ca. 1.100 (weltweit, 2010)

Standorte: Ilshofen, Büchen, North Branford/USA

Vertrieb: weltweit über 50 Vertriebs- und Serviceniederlassungen, Beteiligungen an Vertriebs- und Serviceniederlassungen in den Niederlanden, Frankreich, den USA, Russland und Japan

Exportquote: über 90 % (2009)

Gründer: Rolf Ströbel, Wilhelm Bausch und Siegfried Bullinger, 1967, Ilshofen

Eigentümer: Familien Bullinger und Ströbel

MEILENSTEINE

1967 Rolf Ströbel, Wilhelm Bausch und Siegfried Bullinger gründen die Bausch+Ströbel Maschinenfabrik in Ilshofen und beginnen mit dem Bau von Füll- und Verschließmaschinen.

1970 Verdreifachung der Produktionsfläche durch Neubauten in Ilshofen

1971 Bau der ersten vollautomatischen Verarbeitungsanlage für Einmalspritzen

1983 Gründung der Bausch+Stroebel Machine Company Inc. in den USA

1992 Eröffnung der Zweigniederlassung Bausch+Ströbel Nord in Büchen

1993 Bau der ersten Produktionsanlage für Karpulen in Isolatortechnik

2003 Bau der ersten Hochleistungsanlage für Bulk-Glasfertigspritzen in Isolatorentechnologie

2007 Neuordnung der Gesellschafterstruktur

2009/10 Erweiterung des Stammsitzes Ilshofen um rund 3.000 qm

KONTAKT

Bausch+Ströbel Maschinenfabrik Ilshofen GmbH & Co. KG
Parkstr. 1
74532 Ilshofen
(0 79 04) 7 01-0
(0 79 04) 7 01-2 22
info@bausch-stroebel.de
www.bausch-stroebel.de

Ansprechpartner Presse:
Tanja Bullinger
(0 79 04) 7 01-8 16
tanja.bullinger@bausch-stroebel.de

BEHRINGER

Die Behringer GmbH Maschinenfabrik und Eisengießerei hat ihren Hauptsitz in Kirchardt. Das Unternehmen ist führend in der Herstellung von Band-, Bügel- und Kreissägemaschinen und -anlagen zur Bearbeitung von Metallen, NE-Metallen und Kunststoffen. Für Kunden aus der Stahlbaubranche liefert die Behringer GmbH Rollbahnen und andere Fördereinrichtungen zum Materialtransport. Die hauseigene Gießerei erstellt Gussprodukte sowohl für den Eigenbedarf als auch für externe Kunden. Zu den Leistungen des Familienbetriebes zählt außerdem die Projektierung und Planung von Aufträgen, Beratung, Inspektion plus Wartung sowie Teleservice. Namhafte Kunden zählen zur Klientel der Behringer GmbH. Sie kommen aus Metall erzeugenden und Metall verarbeitenden Industriezweigen weltweit; schwerpunktmäßig aber aus Westeuropa und den USA. Der Exportanteil liegt bei rd. 60 %. Zur Behringer GmbH gehören, neben dem Stammhaus in Kirchardt, der Kreissägenspezialist Behringer Eisele in Weilheim/Teck sowie das Schwesterunternehmen Vernet Behringer im französischen Dijon. Hier werden Anlagen für den Stahlbau gefertigt, wie Sägebohranlagen, Schermaschinen, Brennschneidanlagen oder kombinierte Anlagen zur Bearbeitung von Trägern, Profilen oder Dickblechen. Ein weiteres Produktionswerk befindet sich im US-amerikanischen Morgantown. Vertretungen und Servicemitarbeiter unterhält die Behringer GmbH auf der ganzen Welt. Die Behringer GmbH zählt zu den wenigen Komplettanbietern für Sägetechnik am Markt. Das inhabergeführte Traditionsunternehmen wurde im Jahr 1919 gegründet und wird heute in vierter Generation durch Christian und Rolf Behringer geleitet. Derzeit sind 400 Mitarbeiter beschäftigt. Die Ausbildungsquote ist mit über 10 % sehr hoch. Die Behringer GmbH ist Mitglied im VDMA, DSTV und BDG.

KONTAKT

Behringer GmbH Maschinenfabrik und Eisengießerei
Industriestr. 23
74912 Kirchardt
(0 72 66) 2 07-0
(0 72 66) 2 07-5 00
info@behringer.net
www.behringer.net

Behringer ist technologieführend in der Herstellung von Band- und Kreissägemaschinen in Verbindung mit Automatisierungstechnik.

BERNER GROUP

Die Berner Gruppe ist einer der führenden europäischen Direktvertreiber im Kleinteile-Geschäft für die professionelle Anwendung im Bau- und Kfz-Handwerk sowie in der Industrie.

BERNER GROUP

Die Berner Gruppe ist einer der führenden europäischen Direktvertreiber im Kleinteile-Geschäft für die professionelle Anwendung im Bau- und Kfz-Handwerk sowie in der Industrie. Sie setzt sich zusammen aus den beiden Konzernen Berner AG, Künzelsau, und BTI Holding GmbH in Ingelfingen. Zum Berner Konzern zählt seit 2006 mit der Caramba Chemie-Gruppe auch einer der führenden Systemanbieter Europas für Chemieprodukte und Dienstleistungen im Bereich Reinigung, Pflege und Wartung. Im Baubereich betreut Berner v. a. Schreinereien, Elektriker sowie Fachbetriebe für Sanitär, Heizung, Klima und Hochbau. Im Kfz-Segment zählen hauptsächlich die Vertrags- und Spezialwerkstätten für Pkw, Lkw, Bau- und Landmaschinen sowie Speditionen zu den Kunden von Berner. Das rd. 30.000 Artikel beinhaltende Sortiment umfasst z. B. DIN- und Normteile, chemische Produkte und Werkzeuge, ergänzt um ein Serviceangebot von der Vor-Ort-Präsenz bis zur weltweiten Logistikkette, die eine Lieferung innerhalb von 24 bis 48 Stunden gewährleistet. Von den im Geschäftsjahr 2009/10 erzielten 856 Mio. Euro Umsatz entfielen 550 Mio. Euro auf das Geschäft im Ausland. Die Berner Group beschäftigt rd. 8.000 Mitarbeiter, 5.000 davon arbeiten im Außendienst. Europaweit verfügt das Unternehmen über 23 Vertriebsgesellschaften. Im Alter von 21 Jahren gründete Albert Berner 1957 zunächst eine Schraubengroßhandlung in Künzelsau. Im Jahr 1969 eröffneten erste Auslandsdependancen, bevor Berner in den 1970er-Jahren ein engmaschiges Niederlassungsnetz über ganz Europa spannte. Die Konzentration auf Kernzielgruppen, Expansionen sowie Investitionen in modernste Technologien bilden die strategischen Pfeiler des Familienunternehmens. Beispiele dafür sind weltweite strategische Partnerschaften oder die Erweiterung des Logistikbereichs am frz. Standort St. Julien-du-Sault. Das neue vollautomatische Palettenlager entspricht strengen Umweltstandards und erhielt dafür als erste Logistikplattform in Frankreich das HQE-Gütesiegel.

DATEN UND FAKTEN

Branchen: Kfz- und Bau-Branche, Industrie

Marktposition: europaweit führendes Direktvertriebsunternehmen im Bau-und Kfz-Handwerk sowie in der Industrie

Umsatz: 856 Mio. Euro (Gruppenumsatz, 2009/2010)

MEILENSTEINE

1957 Am 1. April eröffnet Albert Berner im Alter von 21 Jahren eine Schraubenhandlung in Künzelsau.

1969 Im April wird die erste Auslandsniederlassung Berner Belgien gegründet. Es folgt die Gründung von Berner Österreich im November. Im Dezember werden Berner Frankreich und Berner Schweiz eröffnet.

1976 Berner übernimmt eine Fabrik für Schrauben und Befestigungsteile in Taiwan.

1983 Gründung Berner Holding

1990 Der Umsatz wächst auf eine halbe Milliarde D-Mark an. Das Unternehmen expandiert: Ungarn (1990), Tschechien (1995).

2002 Die Berner Unternehmensgruppe übernimmt 50 % der Anteile an der Chemiegruppe Wigo-Caramba, um das Produktfeld Chemie weiter auszubauen.

2006 Alle Anteile der Chemiegruppe Wigo-Caramba gehen an Berner über; zeitgleich erfolgt die Übernahme von Firmen in Lettland, Litauen und der Slowakei sowie ein Joint Venture in Rußland.

2010 Berner geht strategische Partnerschaften in Kuwait, Singapur und Thailand ein.

Zu den Kunden von Berner im Kfz-Segment zählen hauptsächlich die Vertrags- und Spezialwerkstätten für Pkw, Lkw, Bau- und Landmaschinen sowie Speditionen.

BOTT

Mitarbeiter: rund 8.000 (weltweit in 20 Ländern, 2009/2010)

Standorte: 23 Berner Vertriebsgesellschaften in Europa, 4 Chemieunternehmen, 2 Produktions-/Beschaffungsunternehmen in Asien, 4 strategische Partner

Vertrieb: Direktvertrieb über den Berner Außendienst; weitere: Berner Online-Shop, Telefonverkauf und Verkaufsniederlassungen (Profi Points)

Auslandsanteil: 64 %

Gründer: Albert Berner, 1957, Künzelsau

Inhaber: Familie Berner

KONTAKT

Berner AG
Bernerstr. 6
74653 Künzelsau
(0 79 40) 1 21-0
(0 79 40) 1 21-2 03
info@berner-group.com
www.berner-group.com

Mit der Fahrzeugeinrichtung bott vario werden Werkzeuge und Arbeitsmaterialien platzsparend, übersichtlich und schonend transportiert.

BOTT

Die Bott GmbH & Co. KG zählt zu den weltweit führenden Herstellern von Fahrzeug- und Betriebseinrichtungen. In Bezug auf Umsatz und Unternehmensgröße ist Bott in jedem dieser Geschäftsfelder die Nummer zwei in Europa. Das Portfolio umfasst Einrichtungen für Service- und Montagefahrzeuge, Werkbänke, Schubladenschränke, Lagerschränke, Montagearbeitsplätze, Montagelinien, manuell angetriebene Transportlinien und Materialbereitstellungssysteme. Sie dienen der Stauraumorganisation und Ladungssicherung in gewerblich genutzten Service- und Montagefahrzeugen sowie der Bereitstellung von Werkzeug und Material in gewerbetreibenden Unternehmen nach ergonomischen Gesichtspunkten und als Basis für eine effiziente Montage und Instandhaltung. Das Produktangebot ergänzen Dienstleistungen wie Konzeption und Planungsservice beim Kunden vor Ort mit EDV-gestützter Visualisierung, Produktapplikation nach individuellen Anforderungen und ein Montageservice. Bott beliefert neben Industrie und Handwerk u. a. auch Servicedienstleister und Kommunen. Zu den Kunden zählen Namen wie Airbus, Bosch, Coca-Cola, Hilti, Miele, Nokia, die Polizei, Porsche und RWE. Bott beschäftigt 650 Mitarbeiter in Europa, 250 davon in Deutschland, und erzielte 2009 einen Umsatz von 56 Mio. Euro. Der Auslandsanteil liegt bei 59 %. Neben drei Produktionsstandorten in Deutschland, England und Ungarn gehören zwei Vertriebsgesellschaften in Frankreich und Italien zu Bott. Der Vertrieb erfolgt zudem über eigene Regionalleiter, Importeure, Fachhändler und überregionale Versandhändler. Wilhelm Bott gründete das Unternehmen 1930 in einer Mühle bei Gaildorf als mechanische Werkstätte, in der er zunächst Präzisionsdrehteile fertigte. Die Gründung neuer Produktionsstätten 1981 in Großbritannien, 1984 in Gaildorf und 1996 in Ungarn sowie die Eröffnung des Produktions- und Logistikzentrum in Unterrot bei Gaildorf 2000 spiegeln das kontinuierliche Wachstum der letzten Jahrzehnte wider.

DATEN UND FAKTEN

Branche: metallverarbeitende Industrie

Produkte: Einrichtungen für Service- und Montagefahrzeuge, Werkbänke, Schubladenschränke, Lagerschränke, Montagearbeitsplätze, Montagelinien, manuell angetriebene Transportlinien, Materialbereitstellungssysteme

Marktposition: Nummer zwei in Europa in Bezug auf Umsatz und Unternehmensgröße

Umsatz: 56 Mio. Euro (2009)

Mitarbeiter: 650 (2009)

Standorte: Produktionsstandorte in Deutschland, England und Ungarn; Vertriebsgesellschaften in Frankreich und Italien

Vertrieb: über eigene Regionalleiter, Importeure, Tochtergesellschaften, Fachhändler und überregionale Versandhändler

Auslandsanteil: 59 %

Betriebseinrichtungen von Bott: Schubladenschrank cubio (oben), Montagearbeitsplatz APS (unten).

BRAND

Innovationen: Betriebseinrichtung cubio (2008), Fahrzeugeinrichtung bott vario (2010)

Gründer: Wilhelm Bott, 1930, Gaildorf

MEILENSTEINE

1930 Gründung durch Wilhelm Bott in Gaildorf als mechanische Werkstätte

1981 Eröffnung einer Produktionsstätte in Bude/Großbritannien

1984 Einweihung eines zusätzlichen Werks in Gaildorf

1996 Eröffnung einer neuen Produktionsstätte in Tarnazsadány/Ungarn

2000 Zusätzliches Produktions- und Logistikzentrum in Unterrot bei Gaildorf

KONTAKT

Bott GmbH & Co. KG
Bahnstr. 17
74405 Gaildorf
(0 79 71) 2 51-0
(0 79 71) 2 51-2 85
info@bott.de
www.bott-group.com

BRAND

Die BRAND GMBH + CO KG entwickelt und fertigt mit rund 400 Mitarbeitern Laborprodukte in Wertheim und im Rhein-Main-Gebiet und zählt zu den Marktführern bei Volumenmess- und Dosiergeräten sowie anspruchsvollen Kunststoffprodukten für das Labor. Die Produktpalette reicht von klassischen Volumenmessgeräten aus Glas und Kunststoff über Liquid-Handling-Geräte wie Dispenser, Büretten, Mikroliterpipetten und Handdispenser mit zugehörigem Verbrauchsmaterial zu hochwertigen Kunststoffprodukten für Life-Science-Anwendungen. Das gesamte Fachwissen ist auch für kundenindividuelle Anlagen wie vollautomatische Dosieranlagen und Teilefertigung aus Kunststoff im Spritzguss bzw. der Extrusionsblastechnik verfügbar. BRAND Produkte setzen weltweite Standards in anspruchsvollen Laboratorien der Industrie, Forschung und Lehre in den Bereichen Chemie, Medizin, Pharmazie und Life Sciences. Mit eigenen Niederlassungen, Vertriebsbüros und Repräsentanzen innerhalb Europas, Lateinamerikas, Asiens, Nordamerikas und Kooperationen mit Vertriebspartnern in über 120 Ländern bietet BRAND den Anwendern umfassenden Service vor Ort. Hierzu zählen auch Dienstleistungen wie ausführliche Applikationshinweise, Informationen zur Prüfmittelüberwachung sowie Wartungs- und Kalibrierservice. Das Familienunternehmen befindet sich im Besitz von Dr. Christoph Schöler und Helmut Schöler. Dr. Christoph Schöler führt zusammen mit Hans-Walter Kern und Peter Mahler die Geschäfte.

KONTAKT

BRAND GMBH + CO KG
Otto-Schott-Str. 25
97877 Wertheim
(0 93 42) 8 08-0
(0 93 42) 8 08-2 36
info@brand.de
www.brand.de

BÜRKERT

Bürkert Fluid Control Systems mit Sitz in Ingelfingen deckt als weltweit einziger Anbieter den gesamten Prozess rund um das Arbeiten mit fluiden Medien ab. Das Portfolio enthält mehr als 28.500 Produkte und Systeme zum Messen, Steuern und Regeln von Gasen und Flüssigkeiten. Das Angebot reicht von einzelnen Ventilen, Sensoren und Reglern bis hin zu kompletten Automatisierungslösungen und Fluidsystemen auf Basis abgestimmter Schnittstellen. Die Produkte und Lösungen kommen überall dort zum Einsatz, wo in Leitungen und Rohren domestizierte Flüssigkeiten und Gase im Spiel sind: von Zapfsäulen und Brauereianlagen über Beatmungsgeräte und Zahnarztstühle bis hin zu Wasserversorgungs- und Autowaschanlagen. Da Lösungen, die für eine bestimmte Branche entstanden sind, oft auch für andere Bereiche Gültigkeit haben, gliedert Bürkert sein Angebot nicht nach Branchen, sondern nach der Art der physikalischen Anwendung in die Segmente Hygienic Processing, Water Treatment, Cooling Systems, Gas Handling, MicroFluidics und Steam. Unter dem Dach der Christian Bürkert GmbH & Co. KG beschäftigt das Unternehmen insgesamt knapp 2.100 Mitarbeiter, davon rund 1.400 in Deutschland. Der Gesamtumsatz lag 2009 bei 264 Mio. Euro, hierzu steuerte das Auslandsgeschäft rund 80 % bei. Produktionsstätten sind am Hauptsitz Ingelfingen sowie in Criesbach, Öhringen, Gerabronn, Triembach/Frankreich und Wil/Schweiz angesiedelt. In fünf Systemhäusern auf drei Kontinenten arbeiten Techniker und Wissen-

Der Bürkert-Stammsitz in Ingelfingen (oben), Heribert Rohrbeck, Geschäftsführer der Bürkert-Gruppe (unten).

BÜRKERT

In seinen Systemhäusern erarbeitet Bürkert im Dialog mit den Kunden individuelle Lösungen.

schaftler mit Erfahrungen aus verschiedenen Prozessen eng zusammen. Die kurzen Wege ermöglichen eine schnelle Reaktion auf Kundenanfragen und ganzheitliche Ausarbeitungen der Lösungen. Von den technischen Konzepten über die Kalkulation der Kosten bis zu Zerspanung, Montage von Prototypen, Erprobung und Dokumentation erfolgen alle Schritte an einem Ort. Im Fokus der Forschungsaktivitäten stehen bei Bürkert die Bereiche alternative Aktorik und Sensorik sowie die Simulation von Regelkreisen. Auch die insgesamt 258 Patente stehen für die Innovationskraft des Unternehmens. Bürkert unterhält Vertriebsniederlassungen in 35 Ländern mit 800 eigenen Außendienstmitarbeitern, ergänzt wird der weltweite Vertrieb durch Verkaufsrepräsentanten und Händler. Gegründet wurde das Unternehmen 1946 von Christian Bürkert. Er produzierte zunächst Temperaturregler für Brutapparate und Küchenherde. Meilensteine für die gesamte Ventiltechnik setzte Bürkert 1954 mit der Entwicklung der ersten kunststoffummantelten Magnetspule und 1988 mit dem ersten universell einsetzbaren modularen Ventilsystem. An der Spitze des Unternehmens, das sich nach wie vor zu 100 % im Besitz der Familie Bürkert befindet, steht seit 2005 der Geschäftsführer Heribert Rohrbeck.

DATEN UND FAKTEN

Branchen: Industrielle Mess-, Steuer- und Regeltechnik; Fluidtechnik

Produkte: Produkte und Systeme zum Messen, Steuern, Regeln von Gasen und Flüssigkeiten

Marktposition: einziger Anbieter weltweit, der den gesamten Prozess rund um das Arbeiten mit fluiden Medien abdeckt

Umsatz: 264 Mio. Euro (2009)

Mitarbeiter: 2.073 (weltweit, 2010)

Standorte: Produktion in Ingelfingen, Criesbach, Öhringen, Gerabronn, Triembach/Frankreich, Wil/Schweiz; 35 Vertriebsniederlassungen weltweit; 5 Systemhäuser in Criesbach, Dresden, Dortmund, Charlotte/USA und Suzhou/China

Exportquote: 80 %

Innovationen: weltweit erste kunststoffummantelte Magnetspule (1954), erstes universell einsetzbares modulares Ventilsystem (1988), Hochgeschwindigkeits-MFC (1996), ELEMENT: voll integrierte Prozessventilbaureihe (2008)

F&E-Quote: 7,8 %

Gründer: Christian Bürkert, 1946, Ingelfingen

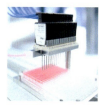

Die Produkte und Lösungen von Bürkert kommen überall dort zum Einsatz, wo in Leitungen und Rohren domestizierte Flüssigkeiten und Gase im Spiel sind.

Lösungen von Bürkert kommen u. a. bei der Getränkeabfüllung zum Einsatz.

DEKO WOERNER

EINFACH ERKLÄRT: MASS FLOW CONTROLLER

Die physikalische Gesetzmäßigkeit ist bekannt: Wärme fließt immer nur in Richtung geringerer Temperatur. Besitzt also ein Körper eine höhere Temperatur als seine Umgebung, gibt er seine Wärmeenergie an eine vorbeiströmende Masse ab. Die thermische/kalorimetrische Messmethodik macht sich dieses Prinzip der Wärmeleitung und des Wärmetransports in Gasen zunutze: Die thermischen Durchflusssensoren zur Bestimmung des Massenstroms von Gasen bestehen im Kern aus einem Heizelement sowie Temperaturfühlern. Das Heizelement erwärmt das durchströmende Gas, die Temperaturfühler messen die abgeführte Wärmemenge. Diese ist ein Maß für den vorliegenden Massenstrom des Gases. Der Massenstrom wiederum definiert – im Wortsinn – die Masse, also das Gewicht des strömenden Mediums. Ideal eignet sich der Einsatz von solchen Mass Flow Metern und Mass Flow Controllern für Anwendungsbereiche, in denen hohe Präzision und Reproduzierbarkeit gefordert wird – wie beispielsweise in der Brenner-, Beschichtungs- oder Brennstoffzellentechnik.

MEILENSTEINE

1946 Christian Bürkert beginnt auf dem Bühlhof in Ingelfingen mit der Herstellung von Brutapparaten.

1948 Das erste Bürkert-Firmengebäude wird gebaut.

1953/54 Die ersten Stabtemperaturregler und Magnetventile entstehen.

1965 Bürkert gründet die ersten Niederlassungen im Ausland.

1980 Gründung der ersten Bürkert-Gesellschaften in Übersee

1993 Einführung prozessorientierter Organisationsstrukturen in Deutschland

1996 Produktüberarbeitung und neues Leistungsprogramm

2003 Die Prozessorganisation wird weltweit umgesetzt.

2006 Geräte mit Schutzart IP 65/67 und EX-Ventilinsel kommen hinzu.

KONTAKT

Bürkert Fluid Control Systems
Christian-Bürkert-Str. 13-17
74653 Ingelfingen
✆ (0 79 40) 10-0
📠 (0 79 40) 10-9 12 04
✉ info@burkert.com
🖥 www.burkert.com

Ansprechpartner Presse:
Katharina Morsch
✆ (0 79 40) 10-9 11 76
✉ katharina.morsch@burkert.com

DEKO WOERNER

Die Deko Woerner GmbH ist Europas größtes Versandhaus für Dekorationsartikel. Das Sortiment von über 20.000 Artikeln umfasst von Klein-Dekorationen bis hin zu Gigantaufbauten für Handelsketten oder Einkaufszentren sämtliche Artikel für Dekoration und Verkaufsförderung. Die Produktpalette beinhaltet u. a. Schaufensterdekorationen, textile Pflanzen, Schaufensterfiguren und Torsos, aber auch Artikel für die Ladenausstattung und Werkzeug. Zu den Abnehmern zählen namenhafte Unternehmen, Händler vieler Branchen sowie die Bereiche Gastronomie, Hotellerie und Event. So vertrauen etwa Breuninger, KaDeWe und Kaufhof auf Produkte von Deko Woerner. Das Unternehmen betreut die Kunden in West- und Osteuropa persönlich über Handelsvertretungen, Call-Center und den in mehreren Sprachen verfügbaren Online-Shop. Die Produktideen stammen aus der hauseigenen Innovationsabteilung, die aus Trendscouts, Designern, Produktentwicklern sowie Mitarbeitern aus dem Bereich der Schauwerbegestaltung besteht. Durch ein eigenes Versandzentrum können neben Standardsendungen, 24h- und Speditionslieferungen für Großkunden

Deko Woerner ist Europas größtes Versandhaus für Dekorationsartikel.

individuelle Zustellungen und Verteilungen ermöglicht werden. Neben den Kollektionen, die zweimal jährlich wechseln und ständig aktualisiert werden, bietet Deko Woerner individuelle Lösungen sowie Sonderanfertigungen nach Maßarbeit. Das 1925 gegründete Unternehmen hat seinen Sitz in Leingarten und wird von der Geschäftsführerin Katrin Zahn geleitet.

KONTAKT

Deko Woerner GmbH
Liebigstr. 37
74211 Leingarten
(0 71 31) 40 64-0
(0 71 31) 40 64-7 60
info@dekowoerner.de
www.dekowoerner.de

DIEFFENBACHER

Die internat. tätige Unternehmensgruppe Dieffenbacher GmbH + Co. KG entwickelt und fertigt Pressensysteme sowie Anlagen zur Herstellung von Holzwerkstoffplatten und von Produktionsanlagen für Bauteile aus glasfaserverstärkten Kunststoffen in der Automobilindustrie. In beiden Segmenten gehört die Gruppe zu führenden Unternehmen der Welt. Von weltweit ca. 1.600 Mitarbeitern sind ca. 27 % in der Entwicklung und Konstruktion tätig. Im Jahr 2009 erzielte das Eppinger Unternehmen einen Umsatz von 330 Mio. Euro. Produziert werden die Anlagen in eigenen Werken in Eppingen, Kanada und China. Den internat. Vertrieb und Service gewährleisten Niederlassungen in den wichtigsten Wirtschaftregionen der Welt. Rund 70 % des Umsatzes werden im Auslandgeschäft erzielt. Das Unternehmen befindet sich zu 100 % in Familienbesitz und wird von den Geschäftsführen Wolf-Gerd Dieffenbacher (kaufmännisch) und Dr. Günther Kuhn (technisch) geleitet. Den Grundstein für die heutigen Unternehmergruppen legte 1873 der Schlossermeister Jacob Dieffenbacher, als er mit dem Bau von hydraulischen Obst-, Wein- und Speiseölpressen begann. Die Dieffenbacher-Gruppe ist seit 1996 durch substanzielle Akquisitionen erheblich gewachsen.

KONTAKT

Dieffenbacher GmbH + Co. KG
Heilbronner Str. 20
75031 Eppingen
(0 72 62) 65-0
(0 72 62) 65-4 20
dse@dieffenbacher.de
www.dieffenbacher.de

DOMETIC SEITZ

Die Dometic Seitz GmbH produziert Fenster, Türen, Dachfenster und Rollos für Caravans und Reisemobile. Mit einem weltweiten Marktanteil von rd. 80 % bei Rahmenfenstern und Dachhauben beherrscht Dometic Seitz besonders dieses Segment. Das Unternehmen ist Teil der Dometic Group, einem internat. führenden Hersteller innovativer Komfortprodukte nicht nur für Reisefahrzeuge, sondern auch für den Lkw-, Pkw- und Bootsmarkt. Damit ist in jedem Reisemobil weltweit mindestens ein Dometic-Produkt eingebaut. Das kann genauso ein Absorber-Kühlschrank sein wie ein Kocher oder eben ein Fenster. Erste Innovationen aus dem Hause Dometic Seitz waren u. a. die Kombination aus Polyurthan-Rahmen – bis heute Alleinstellungsmerkmal – und Rollos, die die Wohnwagen- und Reisemobile insektenfrei hielten und gleichzeitig für Dunkelheit sorgten. Das Hebe-Kipp-Dach „Heki" zählt zweifelsohne zu den Klassikern der Produktpalette, die in den vier gleichgewichteten Geschäftsfeldern Dachfenster, Fenster, Türen und Rollosysteme angeboten werden. Neben Innovationen wie Dachfenster mit integrierter DVB-T-Antenne bietet das Unternehmen seinen Kunden in allen Bereichen auch die Entwicklung individueller Lösungen für Fenster- und Türsysteme oder die Ausstattung mit Rollos bzw. Dachfenstern. Weltweit zählen Händler für Caravans und Reisemobile zu den Kunden, wichtigster Kundenkreis sind jedoch die Hersteller selbst. In der Region um das baden-württembergische Krautheim ist Dometic Seitz einer der größten Arbeitgeber. Mit rd. 400 Mitarbeitern und 80 Mio. Euro Jahresumsatz ist das Unternehmen zudem eines der wichtigsten Standbeine innerhalb der internat. Dometic Group. Von Krautheim aus werden rund um den Globus alle Freizeitfahrzeughersteller beliefert. Die von Eugen Seitz schon in den späten 1970er-Jahren entwickelten Ideen rund um die Licht- und Luftverhältnisse in Reisemobilen und Caravans führten 1985 zur Unternehmensgründung. Aus bescheidenen Anfängen entfaltete sich die einst kleine Fensterproduktion zu einem immer größer werdenden Unternehmen. 1996 wurde eine Scheibenfabrik in Tidaholm (Schweden) erworben, die

Am Stammsitz in Krautheim (Mitte), wo rd. 400 Mitarbeiter tätig sind, wird auch produziert (unten).

EBM-PAPST

Die Zentrale von ebm-papst in Mulfingen (oben), produziert wird weltweit an 17 Standorten (unten).

Das Hebe-Kipp-Dach „Heki" (links im Bild) zählt zu den wichtigsten Produkten von Dometic Seitz.

bis heute alle Acrylglas-Scheiben nach Krautheim liefert. Im Jahr 2000 übernahm der schwedische Elektrolux-Konzern die Krautheimer Fensterspezialisten und ein Jahr darauf entstand die heutige Dometic Group, die Muttergesellschaft der dt. GmbH.

DATEN UND FAKTEN

Branche: Caravan- und Reisemobilbranche

Produkte: Fenster, Türen, Dachfenster, Rollos für Caravans und Reisemobile

Marktposition: weltweiter Marktführer in seinem Segment

Umsatz: 80 Mio. Euro (Dometic Seitz)

Mitarbeiter: Dometic Seitz: 400 Mitarbeiter in Deutschland, Krautheim; Dometic Group: 1.200 in Deutschland, 5.800 weltweit.

Innovationen: Heki-Dachfenster (seit Mitte der 1980er-Jahre), PU-Rahmenfenster mit integrierter Fliegenschutz- u. Verdunkelungslösung, Reisemobil- u. Wohnwagentüren mit integrierten Fenstern

MEILENSTEINE

1985 Die Produktion der Fenster für Reisemobile wird in Krautheim aufgenommen.

1996 Erwerb einer Scheibenfabrik in Tidaholm (Schweden)

2000 Übernahme der Krautheimer Fensterspezialisten durch den schwedischen Elektrolux-Konzern

2001 Elektrolux verkauft seinen Freizeitbereich an die Investorengesellschaft EQT: Gründung der Dometic Group; Übernahme des Heppenheimer Unternehmens Birkholz Fahrzeugfenster GmbH

KONTAKT

Dometic Seitz GmbH
Altkrautheimer Str. 28
74238 Krautheim
(0 62 94) 9 07-0
(0 62 94) 9 07-40
info@dometic.de
www.dometic.de

EBM-PAPST

Die ebm-papst Gruppe ist der weltweit führende Hersteller von Ventilatoren und Motoren. Pionier und Schrittmacher ist das Unternehmen auf dem Gebiet der effizienten EC-Technologie. EC-Ventilatoren sind stufenlos regelbar, leise, wartungsfrei, einfach zu installieren und sehr langlebig. Darüber hinaus erreichen sie gegenüber herkömmlichen Wechselstrommotoren deutlich höhere Wirkungsgrade bei gleicher Leistung. Dadurch werden Energieeinsparungen von bis zu 70 % möglich. Zum Einsatz kommen die Produkte in den verschiedensten Branchen, u. a. in der Lüftungs-, Klima- und Kältetechnik, bei Haushaltsgeräten, der Heiztechnik, in IT- und Telekommunikationsanwendungen und in der Automobilindustrie. Die Entwicklung von Ventilatoren und Motoren in EC-Technologie begann im Jahr 1998, heute verfügt ebm-papst in diesem Bereich über das weltweit breiteste Programm. Um die führende Marktstellung weiter auszubauen, investierte das Unternehmen an den dt. Standorten im Geschäftsjahr 2009/10 ca. 52 Mio. Euro in Forschung und Entwicklung. Rd. 500 Ingenieure und Techniker entwarfen im abgelaufenen Geschäftsjahr knapp 60 Neuprodukte. Dazu gehört u. a. RadiCal, ein strömungstechnisch optimierter Energiesparventilator, der für den Hermes Award der Hannover Messe nominiert wurde. Die Anfänge der ebm-papst Gruppe liegen in der Gründung der Elektrobau Mulfingen GmbH & Co. KG (ebm) durch Gerhard Sturm und Heinz Ziehl im Jahr 1963. Die heutige Struktur der Gruppe resultiert aus der Übernahme der Papst Motoren GmbH 1992, dem Erwerb des Werkes Landshut von Alcatel 1997 und der gemeinsamen Umfirmierung in ebm-papst im Jahr 2003. Das Familienunternehmen beschäftigt heute an 17 Produktions- und 57 Vertriebsstandorten weltweit über 10.000 Mitarbeiter. Im Geschäftsjahr 2009/2010 erzielte die Gruppe einen Umsatz von 986 Mio. Euro. Dazu steuerte der Export rund 70 % bei. Unter dem Leitmotiv „Green

ECOM INSTRUMENTS

ebm-papst führt das weltweit breiteste Programm energiesparender Motoren und Ventilatoren in EC-Technologie.

Tech" verfolgt ebm-papst einen ganzheitlich umweltbewussten Ansatz von der Entwicklung über die Herstellung bis hin zum umweltfreundlichen Versand der Produkte.

MEILENSTEINE

1963 Gerhard Sturm und Heinz Ziehl gründen die Elektrobau Mulfingen GmbH & Co. KG (ebm).

1965 Entwicklung der ersten Kompaktlüfter in EC-Technik, damals noch kollektorlose Gleichstrommotoren genannt

1992 ebm übernimmt die Papst Motoren GmbH in St. Georgen.

1997 Kauf des Werkes Landshut von Alcatel und Umbenennung in Motoren Ventilatoren Landshut GmbH

1998 Entwicklung der ersten energiesparenden Radial- und Axialventilatoren mit integrierter Elektronik. Auf dieser Entwicklung basieren unter anderem die in den folgenden Jahren zur Marktreife gebrachten ebm-papst EC-Ventilatoren.

2003 Die drei Unternehmen demonstrieren durch die Umbenennung in ebm-papst Mulfingen, ebm-papst St. Georgen und ebm-papst Landshut ihre Zusammengehörigkeit.

DATEN UND FAKTEN

Branche: Maschinenbau

Produkte: Ventilatoren und Motoren

Marktposition: weltweit führender Hersteller von Ventilatoren und Motoren

Gesamtumsatz: 986 Mio. Euro (Geschäftsjahr 2009/2010)

Mitarbeiter: über 10.000 (weltweit, 2009/10)

Standorte: 17 Produktionsstätten weltweit, u. a. in Deutschland, China und den USA

Vertrieb: 57 Vertriebsstandorte weltweit

Exportquote: 70 %

Innovationen: knapp 60 Neuprodukte im Geschäftsjahr 2009/10

Gründer: Gerhard Sturm und Heinz Ziehl, 1963, Mulfingen

KONTAKT

ebm-papst Mulfingen GmbH & Co. KG
Bachmühle 2
74673 Mulfingen
📞 (0 79 38) 81-0
📠 (0 79 38) 81-1 10
✉ info@de.ebmpapst.com
🖥 www.ebmpapst.com

Ansprechpartner Presse:
Hauke Hannig
📞 (0 79 38) 81-71 05
✉ hauke.hannig@de.ebmpapst.com

ECOM INSTRUMENTS

Die ecom instruments GmbH ist ein weltweit führender Hersteller von mobilen Industriegeräten für den Einsatz im explosionsgeschützten Bereich. In den vier Kernbereichen Mobile Computing, Kommunikation, Mess- und Kalibriertechnik sowie Portable Handlampen entwickelt und vertreibt das Unternehmen explosionsgeschützte Arbeitsmittel wie Laptops, Mobiltelefone, Funkgeräte, Messgeräte und Taschenlampen. Alle Produkte sind so ausgelegt, dass sie ein professionelles Arbeiten in schwieriger Umgebung ermöglichen. Sie besitzen alle nötigen Zulassungen und Zertifikate für den Einsatz in explosionsgefährdeten Anwendungsbereichen, von der europäischen ATEX- bis hin zur amerikanischen FM-Zulassung. Zu den Kunden von ecom zählen weltweit Industriebetriebe aus der Chemie und Petrochemie, der Erdöl- und Erdgasförderung oder den Branchen Pharmazie, Bergbau, Energie und Umwelt. Für sie erarbeitet ecom auch kundenspezifische Lösungen. Bei der Herstellung der explosionsgeschützten Geräte arbeitet ecom eng mit renommierten Firmen wie EADS,

Geschäftsführer und Inhaber der ecom instruments GmbH Rolf Nied (oben) und der Firmensitz in Assamstadt, Baden-Württemberg (unten).

ELABO

Die Produkte von ecom besitzen alle nötigen Zulassungen und Zertifikate für den Einsatz in explosionsgefährdeten Anwendungsbereichen.

Vertrieb: weltweit 12 Niederlassungen und mehr als 40 Handelsvertretungen

Gründer: Rolf Nied, 1986, Assamstadt

Eigentümer: Rolf Nied

KONTAKT

ecom instruments GmbH
Industriestr. 2
97959 Assamstadt
(0 62 94) 42 24-0
(0 62 94) 42 24-1 00
sales@ecom-ex.com
www.ecom-ex.com

Elabo ist weltweit Markt- und Technologieführer bei der Ausstattung von Elektronik-Fachräumen und bei der Entwicklung von Testsystemen für Sicherheits- und Funktionsprüfungen.

Fluke, Alcatel-Lucent und Getac zusammen. Gegründet wurde das Unternehmen 1986 als Ecom Rolf Nied GmbH im baden-württembergischen Assamstadt. Nach ersten Entwicklungen von Steuerungen für Elektronik und Explosionsschutz folgten ab 1990 die ersten selbst entworfenen explosionsgeschützten Kalibratoren. In den anschließenden Jahren wurde die strategische Ausrichtung auf den Explosionsschutz gelegt und die Produktpalette erweitert. Nachdem ecom 1997 die Anerkennung von Qualitätssicherung und Produktion nach den ATEX-Richtlinien der Europäischen Gemeinschaft erhalten hatte, wurde durch die Errichtung von Vertriebsniederlassungen zunehmend der europäische Markt erschlossen. Es folgten Zulassungen für Nordamerika, Japan, Brasilien, China und Australien. Heute beschäftigt ecom weltweit 250 Mitarbeiter an Produktionsstätten in Assamstadt und Bobstadt, den Serviceniederlassungen in Deutschland, den USA und Singapur sowie weiteren Standorten in 12 Ländern.

DATEN UND FAKTEN

Branche: Explosionsschutz/Elektrotechnik

Produkte: mobile Geräte für den Ex-Bereich aus den Sparten: Mobile Computing, Kommunikation, Mess- und Kalibriertechnik, portable Handlampen

Marktposition: weltweit führender Anbieter von tragbaren explosionsgeschützten Geräten

Mitarbeiter: ca. 250 (weltweit, 2010)

Standorte: Produktionsstandorte am Firmensitz in Assamstadt und Bobstadt; Service-Center in Deutschland, USA, Singapur

ELABO

Die Elabo GmbH ist weltweit Markt- und Technologieführer bei der Ausstattung von Elektronik-Fachräumen und bei der Entwicklung von Prüfsystemen. Das Unternehmen richtet Unterrichtsräume, Forschungslabore und Werkstätten in Betrieben, Universitäten und Behörden ein. Die Produktpalette reicht vom Mobiliar über Stromversorgungen und Mess- und Prüfgeräte bis hin zu vollautomatisierten Prüfsystemen für Sicherheits- und Funktionsprüfungen von elektrischen und elektrotechnischen Geräten. Für Sicherheits-, Funktions- und Qualitätsprüfungen gibt es manuelle, teilautomatisierte und vollautomatisierte Lösungen. Beliefert werden u. a. die Hersteller von Herden und Kochfeldern, medizintechnischen Produkten oder Elektro-Werkzeugen, ebenso wie die Hersteller von Komponenten für die Erzeugung und Verteilung von Erneuerbaren Energien. Das Dienstleistungsspektrum umfasst Planungsleistungen bei der Einrichtung von Räumen oder einzelnen Arbeitsplätzen sowie bei der Erstellung von Testsystemen, Transport- und Montageleistungen sowie Inbetriebnahmen, Wartungsverträge für Prüfsysteme, Software-Updates, Kalibrierung und Normrückführungen. Neben dem dt. und europ. Markt ist Elabo auch in den USA sowie im Vorderen Orient und Asien aktiv, zum Beispiel in Indien und China. Die Elabo GmbH ist eine 100%ige Tochtergesellschaft der Euromicron AG, die im Jahr 2009 187 Mio. Euro umsetzte. Geschäftsführer ist Dr. Jürgen Nehler. Das Unternehmen wurde im Jahr 1972 von Heinrich Decker und Egon Lauton gegründet. Zu den wichtigsten Innovationen gehören das im Jahr 1992 eingeführte modulare technische Arbeitsplatzsystem InForm, ein Ableitstromprüfgerät sowie softwaregesteuerte Elektro-Labore.

ERSA

KONTAKT

Elabo GmbH
Roßfelder Str. 56
74564 Crailsheim
(0 79 51) 30 7-0
(0 79 51) 30 7-66
info@elabo.de
www.elabo.de

ERSA

Die ERSA GmbH mit Sitz in Wertheim ist Teil der internat. agierenden KURTZ-Gruppe, Unter den Marken KURTZ und ERSA werden innovative Komplettlösungen in Nischenmärkten angeboten. ERSA ist dabei spezialisiert auf das Thema Löten: Das Produktportfolio umfasst Handlötkolben und -stationen, Lötmaschinen, Lotpastendrucker, Inspektionssysteme, halbautomatische Reparatursysteme sowie Service- und Schulungsleistungen. In den Bereichen Inline-Selektivlötsysteme und optische Inspektionssysteme hat sich das Unternehmen als weltweiter Markt- und Technologieführer etabliert. Als besonderen Service bietet ERSA seinen Vertriebspartnern, Kunden und Interessenten ein Vorführ- und Schulungszentrum am Hauptsitz der Firma. Auf über 400 m² kann die weltweit breiteste Produktpalette der Weichlöttechnik mit Handlötgeräten, Rework- und Inspektionssystemen, Wellen-, Selektiv- und Reflowlötmaschinen bis hin zu Schablonendruckern mit integrierter 100%-AOI besichtigt und für einsatznahe Versuche genutzt werden. Kunden und Interessenten haben die Möglichkeit, ihre speziellen Anwendungen unter fachkundiger Anleitung der ERSA-Applikations-Ingenieure und Prozessspezialisten bei besten Bedingungen zu testen und zu optimieren. Dabei schätzt man vor allem auch die hohe Kompetenz von ERSA für den Gesamtprozess der Elektronikfertigung, der nicht zuletzt aus der breiten Produktpalette und umfassender Grundlagenforschung resultiert. Die Zielgruppe des Unternehmens findet sich v. a. in der elektronikproduzierenden Industrie und im Elektrohandwerk; auf der ERSA Referenzliste sind entsprechend zahlreiche Global Player und namhafte Markenhersteller zu finden. Insgesamt erzielt die KURTZ-Gruppe mit weltweit rd. 850 Mitarbeitern einen Konzernumsatz von 120 Mio. Euro. Auch ERSA ist mit Niederlassungen in Asien, Nordamerika und Europa internat. aufgestellt und trägt zur Exportquote der Gruppe in Höhe von 50 % bei. Im Jahr 1921 entwickelte und patentierte der

Mit den VERSAFLOW Inline-Selektivlötsystemen ist ERSA Markt- und Technologieführer.

Firmengründer von ERSA, Ernst Sachs, den weltweit ersten serienmäßig hergestellten und elektrisch betriebenen Lötkolben. In der Folge wurden von ERSA immer wieder verschiedene Produktgruppen im Bereich der Weichlöttechnologie erfolgreich im Markt verankert, u. a. Inline-Selektivlötmaschinen oder visuelle Inspektionssysteme, die weltweit Innovationspreise errangen. Geschäftsführer der ERSA GmbH ist Dipl.-Ing. Rainer Kurtz, der auch dem Vorstand der VDMA-Fachgruppe Productronic angehört.

DATEN UND FAKTEN

Branche: Elektrotechnik/Elektronikindustrie

Produkte: Lösungen für Siebdruck, Löten, Rework und Inspektion in der Elektronikfertigung, insgesamt weltweit breiteste Produktpalette „Weichlöten"

Marktposition: Weltmarkt- und Technologieführer bei Selektivlötsystemen und optischen Inspektionssystemen

Umsatz: 120 Mio. Euro (Konzernumsatz KURTZ, 2010)

Mitarbeiter: ca. 850 (KURTZ-Unternehmensgruppe, weltweit, 2010)

Ausbildungsquote: > 10 % (Gruppe gesamt)

Standorte: Wertheim, Hongkong, Shanghai, Korea, Plymouth (USA), Talant (Frankreich)

Exportquote: ca. 50 % (Unternehmensgruppe)

Gründer: Ernst Sachs, 1921, Berlin

Auszeichnungen: u. a.: „IF-Design-Preis" für ERSA Lötstationen (1995), ERSASCOPE Inspektionssysteme Dr. Rudolf-Eberle Innovationspreis (1999), „EP&P Grand Award" in Anaheim, USA, für Inspektionssysteme (2000), „SMT Vision Award" für Inspektionssysteme (2000), „SMT Vision Award" in San

Das patentierte Inspektionssystem ERSASCOPE; im Democenter von ERSA können die verschiedenen Applikationen unter fachkundiger Anleitung gelötet werden.

FIBRO

FIBRO ist führend in der Entwicklung und Produktion von Präzisionslösungen für den Maschinen-, Anlagen- und Werkzeugbau.

Am Standort in Oberfischach werden Radialverdichter und Radialventilatoren produziert.

Diego, CA/USA, für ERSA IR 550 Rework System (2002), VERSAPRINT Schablonendrucker „Best New Product" Vision Award (2008), VERSAFLOW Inline Selektivlötmaschinen Global SMT Award (2008)

MEILENSTEINE

1921 Ernst Sachs gründet sein Unternehmen in Berlin.

1946 Wiederaufnahme der Produktion nach Zerstörungen der Werke im Zweiten Weltkrieg in einer Baracke neben dem Wertheimer Bahnhof

1949 ERSA beschickt die erste Export-Messe in Hannover. Der Siegeszug des ERSA 30 beginnt.

1973 ERSA ist Mitbegründer der Weltleitmesse Productronica in München.

1987 ERSA präsentiert die erste mikroprozessorgeregelte Lötstation. Mit der Möglichkeit, mehrere Stationen zu vernetzen und Prozesskontroll-Software über einen PC zu steuern, ist dieses Konzept bahnbrechend und zukunftsweisend.

1997 Erweiterung der Produktpalette um Reworksysteme (mit patentierter Blendensteuerung); kompakte Tischgeräte zu attraktiven Preisen

1998 ERSA bringt VERSAFLOW Inline-Selektivlötsysteme auf den Markt (bis heute Markt-/Technologieführer)

1999 Das Inspektionssystem ERSASCOPE erhält ebenso wie die Qualitätssicherungssoftware ERSA ImageDoc zahlreiche Innovationspreise.

2007 Erweiterung der Produktpalette um Lotpastendrucker mit integrierter 100%-AOI (patentiert)

2010 ERSA wird zertifizierte Ausbildungsstätte für Handlötarbeitskräfte nach DVS-Standard.

KONTAKT

ERSA GmbH
Leonhard-Karl-Str. 24
97877 Wertheim
(0 93 42) 8 00-0
(0 93 42) 8 00-1 00
info@ersa.de
www.ersa.de

FIBRO

Die FIBRO GmbH wurde 1958 in Weinsberg gegründet. Die FIBRO-Gruppe ist führend in der Entwicklung und Produktion von Präzisionslösungen für den Maschinen-, Anlagen- und Werkzeugbau. Das Produktspektrum des Unternehmens umfasst rd. 40.000 Artikel, die in vielen Fertigungsbranchen eingesetzt und weltweit versandt werden. Zum Normalien-Programm des Unternehmens zählen Säulengestelle, Führungselemente sowie Schrauben- und Gasdruckfedern. Das Sortiment beinhaltet zudem Werkzeugschieber, Metallkleber und Gießharze. Rundtische von FIBRO fungieren z. B. als Schwenk- oder Positionierachse. Sie finden als Werkstückträger in Werkzeugmaschinen oder im Bereich von Montageaufgaben Anwendung. Darüber hinaus konnte die GSA Automation im Jahr 2004 das Produktprogramm der FIBRO Gruppe erweitern. Mehr als 30.000 Linearportale, Bandsysteme, Industrieroboter, Greifer, Linear- sowie Rotationseinheiten wurden bislang weltweit realisiert. Seit 1974 Teil der Läpple-Gruppe, besitzt die FIBRO GmbH über 100 Vertretungen und Servicestützpunkte weltweit. Dazu gehören Niederlassungen in Frankreich, der Schweiz, den USA, Kanada, Indien, China und Singapur. Bei der FIBRO GmbH sind rd. 1000 Mitarbeiter innerhalb der Geschäftsbereiche Normalien, Rundtische und Automation beschäftigt. Das Unternehmen ist in Deutschland in Baden-Württemberg an zwei Standorten aktiv, in Weinsberg und in Hassmersheim.

KONTAKT

FIBRO GmbH
Weidachstr. 41-43
74189 Weinsberg
(0 71 34) 73- 0
(0 71 34) 73-2 18
info@fibro.de
www.fibro.com

FIMA MASCHINENBAU

Die FIMA Maschinenbau GmbH entwickelt und produziert an ihrem Hauptsitz Oberfischach kundenspezifische Systeme für die Strömungstechnik. Die Produktpalette umfasst auf den Anwendungsfall zugeschnittene Radialverdichter und -ventilatoren zur Förderung und Verdichtung von Prozessgasen oder Luft. Zum Weltmarktführer avancierte FIMA bei explosionsgeschützten Radialventilatoren für die explosionsgefährdete

FIMA MASCHINENBAU

Die Radialverdichter von FIMA werden zum Fördern von Prozessgasen und Luft eingesetzt.

Zone 0. Zudem ist das Unternehmen einer der weltweit führenden Hersteller von Radialverdichtern für kleine Fördermengen, etwa im Bereich Polypropylen. Abnehmer dafür rekrutieren sich in der chemischen Industrie, dem Anlagenbau und Raffinerien. Namhafte Kunden sind u. a. BASF, Wacker, Bayer, DOW, Linde Engineering oder Samsung. Ausdruck des internat. Renommees der Firma sind Einsatzorte von FIMA-Verdichtern in der größten europäischen Testanlage für Solarenergiegewinnung in Spanien oder in der ersten windkraftbetriebenen Meerwasserentsalzungsanlage in Griechenland. Vor dem Hintergrund zahlreicher Entwicklungen, wie z. B. ein im Jahr 2009 auf den Markt gebrachter magnetgelagerter Verdichter, liegt ein technologischer Schwerpunkt des Unternehmens auf Anwendungen mit hohen Drehzahlen. Jährlich wendet das Unternehmen ca. 3 % seines Umsatzes für Forschungsaktivitäten auf. Zuletzt beschäftigte FIMA 165 Mitarbeiter und erzielte einen Jahresumsatz von 27 Mio. Euro (2009). Die Produktion erfolgt am Hauptsitz Oberfischach, von wo 80 % der Erzeugnisse exportiert werden. Vertreten durch eine Auslandsniederlassung ist FIMA in Shanghai, China. Internat. Distributionspartner sichern den weltweiten Vertrieb. Was 1946 als Fischachtaler Maschinenbau in Oberfischach mit der Herstellung von Heutrocknern begann, entwickelte sich zum hochtechnologisierten Sondermaschinenbauer mit weitreichender Kompetenz. Heute gehört das Unternehmen der Schaeff Beteiligungen & Management GmbH. Die Geschäftsleitung teilen sich Inhaber Alexander Schaeff sowie Stephan Jakob und Lothar Scholz. Unternehmensziel ist es, sich gegenüber den globalen Wettbewerbern durch die von den Kunden geschätzte Flexibilität weiter zu behaupten.

DATEN UND FAKTEN

Branche: Sondermaschinenbau

Produkte: Radialverdichter, Radialventilatoren

Marktposition: Weltmarktführer bei explosionsgeschützten Radialventilatoren für Zone 0, einer der weltweit führenden Hersteller von Radialverdichtern für kleine Fördermengen

Umsatz: 27 Mio. Euro (2009)

Mitarbeiter: 165 (2009)

Ausbildungsquote: 7 %

Standorte: Oberfischach (Produktion), Shanghai/China

Vertrieb: Flächenverkauf, weltweite Distributionspartner

Exportquote: 80 %

Innovationen: HETICO (2004), magnetgelagerter Radialverdichter (2009)

MEILENSTEINE

1946 Die Firma Fischachtaler Maschinenbau wird in Oberfischach gegründet.

1955 Herstellung von Heutrockner-Ventilatoren und Ausrüstungen für die Landwirtschaft, Reparatur von landwirtschaftlichen Maschinen

1960 Beginn der Produktion von Industrie-Ventilatoren

1975 Konzentration auf die Fertigung von Ventilatoren für die chemische Industrie

1980 Beginn der Entwicklung und Produktion von Radialverdichtern für die Prozessgasindustrie

2002 Eigentümerwechsel und Umfirmierung in FIMA Maschinenbau GmbH, Unternehmen der Schaeff Beteiligungen & Management GmbH

2004 Eröffnung des FIMA-Verkaufsbüro in Shanghai

2006 Bau eines neuen Prüfstands mit einer Antriebsleistung von max. 1,2 MW

KONTAKT

FIMA Maschinenbau GmbH
Oberfischacher Str. 58
74423 Obersontheim
(0 79 73) 6 93-0
(0 79 73) 6 93-1 10
info@fima.de
www.fima.de

FONG'S EUROPE

Ihren Stammsitz hat die GmbH in Schwäbisch Hall (Mitte), wo auch produziert wird (unten).

FONG'S EUROPE

Als weltweit größter Hersteller diskontinuierlicher Färbemaschinen behauptet die FONG'S Gruppe in diesem Segment in puncto Umsatz, gelieferter jährlicher Stückzahl und Personal die führende Position auf dem Weltmarkt. Das Tochterunternehmen FONG'S EUROPE GMBH mit Sitz in Schwäbisch Hall trägt mit seinen aerodynamischen Systemen für diskontinuierliche Textilfärbemaschinen maßgeblich dazu bei. Die angebotenen Hochtemperatur-Färbemaschinen der Marken THEN und FONG'S und kontinuierlichen Vorbehandlungs- und Veredelungsanlagen der Marke GOLLER kommen in der Textilindustrie zum Waschen, Bleichen, Färben und Ausrüsten von Stoffen und Garnen zur Anwendung. FONG'S EUROPE übernimmt dabei die komplette Projektierung, von der Planung über die Installation bis hin zur Inbetriebnahme. Zu den Kunden gehören Textilveredelungsbetriebe in allen Teilen der Welt. Der Vertrieb erfolgt über Handelsvertreter in den jeweiligen Ländern. Die mit 5 % des Umsatzes geförderte Forschungsabteilung beschäftigt sich neben der konsequenten Weiterentwicklung aerodynamischer Färbetechnologie sowie der zugehörigen Steuerungstechnik auch mit der stetigen Weiterentwicklung auf dem Gebiet ressourcen- und energieschonender Technologien. Einen Schwerpunkt bildet die Entwicklung wassersparender textiler Veredelungsprozesse. So weist z. B. die patentierte Stückfärbemaschine THEN-AIRFLOW® den weltweit niedrigsten Wasser-, Salz- und Chemikalienverbrauch auf. Rudolf Then gründete das Unternehmen im Jahr 1919 in Chemnitz zur Versorgung der örtlichen Textilindustrie mit Bottichen und Färbegeräten. Nach dem 2. Weltkrieg erfolgte 1955 die Neugründung in Schwäbisch Hall. Nachdem ab den 1960er-Jahren die Entwicklung von Färbeanlagen in den Mittelpunkt rückte, gelang mit der 1985 entworfenen ersten aerodynamischen Färbemaschine der Durchbruch am Markt. Seit 2004 agiert das Unternehmen unter dem Dach der Fong's Industries Company Ltd. mit Sitz in Hongkong. Die Produktion findet in Schwäbisch Hall und Shenzhen/China statt. Der Exportanteil liegt bei 85 %. In den Werken sowie einer Betriebsstätte in Schwarzenbach an der Saale beschäftigt das Maschinenbauunternehmen 135 Mitarbeiter.

MEILENSTEINE

1919 Rudolf Then gründet in Chemnitz ein Unternehmen zur Versorgung der örtlichen Textilindustrie.

1955 Nach dem 2. Weltkrieg erfolgt die Neugründung in Schwäbisch Hall.

1960 Das Unternehmen entwickelt die erste Hochtemperatur-Färbeanlage aus Edelstahl.

1968 Beginn des eigenen Steuerungsbaus und Konstruktion der ersten Düsenfärbemaschine.

1985 Präsentation der ersten aerodynamischen Färbemaschine THEN-AIRFLOW® AF

1991 Weiterentwicklung der THEN-AIRFLOW® AFS und Markteinführung des Farbküchenmanagers AMC-CKM

2004 Integration der THEN Maschinen GmbH in die FONG'S Gruppe

2010 Mit der THEN-AIRFLOW® LOTUS erscheint das neueste Modell der erfolgreichen Marke.

Die aerodynamische Färbemaschine THEN-AIRFLOW.

DATEN UND FAKTEN

Branche: Maschinenbau

Produkte: Hochtemperatur-Färbemaschinen und kontinuierliche Vorbehandlungs- und Veredelungsanlagen für Textilien

Mitarbeiter: 135

Exportquote: 85 %

Innovationen: aerodynamische Rundspeichermaschine THEN-AIRFLOW® SYN G2 (2009), erste aerodynamische Langspeichermaschine THEN-AIRFLOW® LOTUS (2010)

Gründer: Rudolf Then, 1919, Chemnitz

Eigentümer: Fong's Industries Company Ltd.

GEMÜ

KONTAKT

FONG'S EUROPE GMBH
Milchgrundstr. 32
74523 Schwäbisch Hall
(07 91) 4 03-0
(07 91) 4 03-1 66
info@fongs.eu
www.fongs.eu

Ansprechpartner Presse & Öffentlichkeit:
Roland Adrion
(07 91) 4 03-0
radrion@fongs.eu

Ansprechpartner Investor Relations:
Thomas Archner
(07 91) 4 03-0

G.A. KIESEL

Die G.A. KIESEL GmbH stellt Produkte für die Pumpen-, Kellerei- und Molchtechnik her, außerdem für Industriearmaturen und den Rohrleitungsbau. Zu den Weltmarktführern gehört Kiesel im Bereich der Molchtechnik. Ein Molch ist ein formstabiler Körper, der Rückstände aus Rohren schiebt, wie dies in der Lebensmittel- oder Kosmetikindustrie notwendig wird. Das Angebotsspektrum von G.A. KIESEL umfasst einfache Molchanlagen mit manueller oder automatischer Steuerung ebenso wie hochkomplexe Molchanlagen mit mehreren Sende- und Empfangsstationen, zudem Rohrformteile und Rührgeräte zum Mischen von Flüssigkeiten. Die ausschließlich Edelstahl verarbeitende Produktion bringt zudem Pumpen sowie Wärmetauscher zur Erhitzung und Kühlung etwa von Fruchtsäften und Milch hervor. Wichtige Abnehmer der KIESEL-Produkte sind Winzer und internationale Lebensmittel- oder Petrochemiekonzerne. Die Firmenzentrale befindet sich in Heilbronn. Etwa 90 Mitarbeiter arbeiten am Standort in Heilbronn. 2008 verbuchte das Unternehmen rd. 13,8 Mio. Euro Umsatzerlöse, etwa 55 % davon mit Produkten für die Molchtechnik. Die Geschäfte der G.A. KIESEL GmbH führt Jochen Seeber. Gegründet wurde das Unternehmen 1864 als Glockengießerei. 1996 kam als Tochtergesellschaft die KIESEL Steriltechnik GmbH mit Sitz in Bretten dazu.

KONTAKT

G.A. KIESEL GmbH
Wannenäckerstr. 20
74078 Heilbronn
(0 71 31) 28 25-0
(0 71 31) 28 25-50
info@kiesel-online.de
www.kiesel-online.de

GEMÜ

Die GEMÜ Gebr. Müller Apparatebau GmbH & Co. KG ist einer der weltweit führenden Hersteller von Ventil-, Mess- und Regeltechnik. Das Familienunternehmen hat sich durch innovative Produkte und kundenspezifische Lösungen rund um die Steuerung von Prozessmedien einen Namen gemacht und sich in wichtigen Bereichen als Marktführer etabliert. So ist GEMÜ nach eigenen Angaben Weltmarktführer für Membranventiltechnologie, wie sie insbesondere in der Pharmaindustrie eingesetzt wird. Generell nutzen Unternehmen aus Anlagen- und Maschinenbau die Produkte des Anbieters zur Steuerung von flüssigen und gasförmigen Medien. Die GEMÜ-Unternehmensgruppe beschäftigt in Deutschland über 600 Mitarbeiter, weltweit sind es mehr als 1.000. Gefertigt wird in sechs Produktionsgesellschaften in Deutschland, der Schweiz, in China, Brasilien, Frankreich und den USA. Am dt. Stammsitz werden die Produkte entwickelt, konstruiert und zu einem großen Teil auch gefertigt und montiert. Dabei ist die Produktion flexibel eingerichtet und erlaubt es, sowohl Einzelstücke als auch Großprojekte mit über 10.000 Ventilen zu bearbeiten. Ein breit angelegtes Baukastensystem und abgestimmte Automatisierungskomponenten ermöglichen es, vordefinierte Standardprodukte und kundenspezifische Lösungen in

Neu: vollautomatisches steriles Probenahmesystem für Flüssigkeiten und Reindampf.

Firmengründer und -inhaber Fritz Müller (Mitte), Sterilventilblock mit Membranventil GEMÜ 650 (unten).

GERRESHEIMER WERTHEIM

mehr als 400.000 Produktvariationen zu kombinieren. Der weltweite Vertrieb wird von Ingelfingen gemeinsam mit über 20 internat. Tochtergesellschaften vor Ort koordiniert. Über ein dichtes Händlernetz in mehr als 50 Ländern ist die Unternehmensgruppe auf allen fünf Kontinenten präsent. Für Vertrieb und Logistik nutzt GEMÜ modernste Kommunikationstechniken und umweltschonende Lösungen bei der Zulieferung. Die Wurzeln der Firmenhistorie bildete die Erfindung des weltweit ersten Prozessventils aus Kunststoff (PVC), das 1964 in die Gründung von GEMÜ durch Fritz Müller mündete. Heute ist das internat. etablierte Unternehmen äußerst aktiv im Bereich Aus- und Weiterbildung und kooperiert z. B. mit der Hochschule Heilbronn an den Standorten Künzelsau und Schwäbisch Hall.

MEILENSTEINE

1964 Gründung von GEMÜ durch Fritz Müller in Ingelfingen. In der elterlichen Garage und der Küche wurden die ersten von ihm erfundenen Prozessventile aus Kunststoff gefertigt.

1968 Bezug des ersten eigenen Produktionsgebäudes in Ingelfingen-Criesbach, das von den Mitarbeitern nach Feierabend selbst errichtet wurde. Entwicklung der ersten Kunststoff-Membranventile mit Pneumatikantrieb

1978 Entwicklung des Vorsteuerventils GEMÜ 320 für Pneumatikantriebe. Später wird auch die platzsparende Batteriebauweise realisiert. Das Design Center Stuttgart des Landesgewerbeamts Baden-Württemberg nimmt die gesamte Baureihe (320, 322, 324, 326) in die Auswahlliste zur Prämierung auf.

1981 Gründung von GEMÜ Brasilien, Produktionsstandort für Industriearmaturen aus Grauguss und Sphäroguss sowie GEMÜ Schweiz, heute Kunststoff-Kompetenzzentrum der Firmen-Gruppe

1995 Gründung von GEMÜ Singapur als Einstieg in den asiatischen Markt

2000 Präsentation der Membranventile GEMÜ 650 Biostar auf der Achema 2000; Markteinführung der Stellungsanzeige 1235 mit deutlich vereinfachter Inbetriebnahme; Verleihung des Bundesverdienstkreuzes an Fritz Müller

2008 Gründung von GEMÜ Africa PTY Ltd. in Johannesburg/Südafrika, GEMÜ Russland in Moskau, GEMÜ Finnland in Helsinki, GEMÜ Belgien in Brüssel, GEMÜ Italien in Mailand; Markteinführung der neuen Sitzventilbaureihen GEMÜ 530 mit Edelstahlantrieb und GEMÜ 534 mit Kunststoffantrieb

2009 Einweihung des neuen Innovationszentrums GEMÜ DOME in Waldzimmern und Feier des 70. Geburtstags von Firmengründer und -inhaber Fritz Müller mit Geschäftspartnern und Mitarbeitern

DATEN UND FAKTEN

Branche: Maschinenbau

Produkte: Industrieventile (Membran- und Sitzventile, Klappen, Regeltechnik)

Mitarbeiter: Deutschland über 600, weltweit mehr als 1.000

Ausbildungsquote: 10 %

Standorte: 21 weltweit

Vertrieb: Direktvertrieb und ausgewählte Handelspartner

Exportquote: 50 %

Innovationen: Flexportvalve mit neuer Körpertechnologie, Highflowkörper mit neuer Körpergeometrie (2010)

Gründer: Fritz Müller, 1964, Ingelfingen

KONTAKT

GEMÜ Gebr. Müller Apparatebau GmbH & Co. KG
Fritz-Müller-Str. 6-8
74653 Ingelfingen
(0 79 40) 1 23-0
(0 79 40) 1 23-1 92
info@gemue.de
www.gemue.de

GERRESHEIMER WERTHEIM

Die Gerresheimer Gruppe zählt zu den weltweit führenden Anbietern von Verpackungs- und Systemlösungen aus Glas und Kunststoff. Innerhalb der global tätigen Gruppe besitzt das Werk Gerresheimer Wertheim einen besonderen Status: Rund um Ampullen ist es ihr internat. Kompetenzzentrum. Zur hochpräzisen Fertigung dieser Röhrenglas-Behältnisse verfügt der Standort über einzigartiges Know-how und Verfahren, die großenteils werkseigener Prozessentwick-

GERRESHEIMER

Das Werk Gerresheimer Wertheim ist innerhalb der Gerresheimer Gruppe das Kompetenzzentrum rund um Ampullen.

lung und Konstruktion entstammen. Dabei kommen modernste Produktionstechnologien zum Einsatz, vom vollautomatisierten Ablauf der Glasformung mit Inline-Kameraüberwachung bis hin zu einer austarierten Robotertechnik, die pro Tag im Durchschnitt über 3 Mio. Ampullen hygienisch für den Versand verpackt. Die Ampullen werden in vielen spezifischen Arten und Formen produziert und später bei den Pharmaherstellern mit flüssigen, zum Teil auch gefriergetrockneten Arzneimitteln gefüllt. Die meisten Ampullen liefern Injektionslösungen für Arztpraxen oder Krankenhäuser, andere dienen z. B. als Trinkampullen. Die börsennotierte Gerresheimer AG mit Sitz in Düsseldorf produziert an 40 Standorten in Europa, Nord- und Südamerika sowie Asien und beschäftigt weltweit rund 9.500 Mitarbeiter. Der Konzern-Umsatz belief sich im Geschäftsjahr 2009 auf etwa 1 Mrd. Euro, knapp drei Viertel davon wurden im Ausland erzielt. In fast jedem ihrer Geschäftsfelder zählt die von Uwe Röhrhoff geführte Gerresheimer AG zu den globalen Marktführern.

KONTAKT

Gerresheimer Wertheim GmbH
Dertinger Weg 1
97877 Wertheim
(0 93 42) 92 81-0
(0 93 42) 92 81-10
info@gerresheimer.com
www.gerresheimer.com

GETRAG

Die GETRAG Corporate Group mit Sitz in Untergruppenbach ist ein Systemlieferant für Getriebe- und Antriebsstrangsysteme. Getrag produziert p. a. über 2,6 Mio. Getriebe und 740.000 Achsgetriebe und ist damit der weltweit größte unabhängige Getriebehersteller für Pkw und leichte Nutzfahrzeuge. Das Portfolio umfasst Doppelkupplungsgetriebe, Handschaltgetriebe, automatisierte Handschaltgetriebe, Achsantriebe, Komponenten und E-Drive, mit denen Getrag deutsche, europäische, amerikanische, japanische und chinesische Automobilhersteller wie Ford, BMW, Volvo, GM, VW/Audi, Daimler, MC, Tata Land Rover, Porsche und Ferrari beliefert. Im Mittelpunkt der Forschungsaktivitäten stehen der Pkw-Antrieb und hier speziell die innovativen GETRAG Powershift® Doppelkupplungsgetriebe. Derzeit beliefert Getrag die erste Elektro-Großserie von Smart, den smart fortwo electric drive, mit Getrieben und Elektroantrieb. Eine weitere Innovation ist der 2010 vorgestellte Boosted Range Extender, ein Antriebsstrang, der den CO_2-Ausstoß unter 40 g/km drückt. Das 1935 gegründete Unternehmen befindet sich in privater Hand und wird von einem Fremdmanagement geleitet. 2009 beschäftigte Getrag 12.700 Mitarbeiter weltweit und erzielte einen Umsatz von 2 Mrd. Euro. Auslandsniederlassungen befinden sich in den USA, Mexiko, Italien, Schweden, China, Frankreich, Großbritannien und der Slowakei. Der Vertrieb erfolgt über die Zentrale in Deutschland und regionale Verantwortliche an den einzelnen Standorten. Der Konzern will auch in Zukunft mit seinen Innovationen weiter zur CO_2-Einsparung beitragen.

KONTAKT

GETRAG Corporate Group
Hermann-Hagenmeyer-Straße
74199 Untergruppenbach
(0 71 31) 6 44-40
(0 71 31) 6 44-42 04
vera.muench@getrag.de
www.getrag.de

GGB

GGB ist weltweit der größte Hersteller von wartungsarmen und wartungsfreien Gleitlagern. Als Technologieführer fertigt das Unternehmen Polymer- und Metall-Polymer-Gleitlager mit geringer Reibung sowie einer hohen Verschleißfestigkeit. Diese wartungsarmen Lager sind in einer Vielzahl von Industrien und Anwendungen gefragt. So finden sich die Lagerprodukte von GGB in der Automobilindustrie, in Pumpen, Kompressoren, Baumaschinen und landwirtschaftlichen Geräten. Überdies kommen sie im Sektor Erneuerbare Energien, in der allgemeinen- und der Primärmetallindustrie sowie bei Freizeitgeräten zum Einsatz. Das Portfolio umfasst u. a. Metall-Polymer, Solid Polymer, faserverstärkte und metallische Werkstoffe sowie Pumpenbrillen. Die Produkte sind in vielen verschiedenen Formen wie z. B. als gerollte zylindrische Buchsen, Bundbuchsen, Anlaufscheiben, Streifen und Sonderformen nach Kundenspezifikationen lieferbar. Darüber hinaus bieten GGB branchenführende F&E- und Testeinrichtungen, eine flexible Fertigung, technischen Support sowie ein globales Händlernetzwerk an. Mit mehr als 1.000 Mitarbeitern weltweit und Produktionsstätten in den USA, Deutschland, Frankreich, Brasilien, der Slowakei und China ist

GETRAG

Precision. Passion. Partnership.

Mit über 2,6 Mio. Getrieben und 740.000 Achsgetrieben pro Jahr ist die Getrag Corporate Group der weltweit größte unabhängige Getriebehersteller für Pkw und leichte Nutzfahrzeuge.

GGB ist weltweit der größte Hersteller von wartungsarmen und wartungsfreien Gleitlagern.

HÄNEL

GGB somit der weltweit führende Hersteller selbstschmierender und geschmierter Gleitlager. GBB ist ein Unternehmen von EnPro Industries, Inc., einem führenden Hersteller von Dichtungen, Gleitlagern, Kompressorsystemen und anderen technischen Produkten, die von allen Industriezweigen weltweit eingesetzt werden.

KONTAKT

GGB Heilbronn GmbH
Ochsenbrunnenstr. 9
74078 Heilbronn
(71 31) 2 69-0
(71 31) 2 69-5 00
germany@ggbearings.com
www.ggbearings.de

Das Hauptwerk der Hänel GmbH & Co. KG in Bad Friedrichshall.

HÄNEL

Joachim Hänel (oben) und Michael Hänel (unten) leiten das Familienunternehmen in 2. Generation.

Die Firma Hänel Büro- und Lagersysteme ist einer der weltweit führenden Hersteller von Lagerliften nach dem Umlauf- und Vertikal-Förderprinzip. Das Portfolio umfasst Umlaufregale nach dem Paternosterprinzip, Lagerlifte mit Vertikaltechnologie sowie Softwarelösungen rund um die Lagerverwaltung. Die Systeme kommen u. a. in Fertigungs-, Versand- und Pufferlagern zum Einsatz, um dort die automatisierte Lagerung und Bereitstellung von Ersatzteilen, Werkzeugen oder Akten zu gewährleisten. Zu den Abnehmern gehören sowohl kleine und mittlere Unternehmen als auch Großbetriebe, die aus den verschiedensten Branchen kommen. Zu den Kunden zählen u. a. ABB, Ford, NASA, Siemens, Caterpillar, UBS und Nestlé. Ein entscheidender Vorteil der Vertikallift-Technologie von Hänel gegenüber klassischen automatischen Kleinteile-Lagern besteht in der durch die Höhenoptimierung bis zu 60 % größeren Lagerkapazität. Die Ingenieure arbeiten bei Hänel darüber hinaus an der Verkürzung der Zugriffszeiten und der Senkung des Energiebedarfs. So entwickelte man u. a. mit dem EcoDrive® eine effiziente Form der Energierückgewinnung beim Hänel Lean-Lift®. Hänel beschäftigt an drei Produktionsstätten in Deutschland und der Schweiz und an drei weiteren Vertretungen in Frankreich, den Niederlanden und den USA insgesamt ca. 500 Mitarbeiter. Der Umsatz im Jahr 2009 betrug ca. 90 Mio. Euro bei einem Exportanteil von 60 %. Generalvertretungen in über 50 Ländern sind für den weltweiten Vertrieb zuständig und stellen gleichzeitig in

BERÜHMTE ERFINDER: GERHARD HÄNEL

Die Erfolgsgeschichte der Firma Hänel Büro- und Lagersysteme ist eng mit der Person Gerhard Hänel verknüpft. Schon in den 1930er-Jahren hatte der gelernte Schlosser und studierte Ingenieur im sächsischen Lauter reichlich Erfahrung im Bau von Stahlmöbeln gesammelt. Der unternehmerische Neuanfang im Westen begann 1953 in Bad Friedrichshall in einem Holzverschlag, in dem Gerhard Hänel Roll- und Friseurschränke herstellte. Mit der Produktion der Hänel Rotomat® Bürolifte etablierte er bereits vier Jahre nach der Gründung den wachsenden Betrieb als ersten europäischen Hersteller von serienmäßig produzierten Registraturliften nach dem Paternosterprinzip. Die stetige Weiterentwicklung der ursprünglich im Personenaufzugsbau verwendeten Bauweise führte u. a. zur Konstruktion eines Schwerlast-Paternosters (Rotomat® Industrielift), der für den industriellen Einsatz geeignet war. Selbst nachdem Gerhard Hänel im Alter von 65 Jahren die Firmenleitung an seine beiden Söhnen übertragen hatte, blieb sein Erfinderdrang ungehemmt. So war er mit 85 Jahren noch maßgeblich an der Entwicklung und Produktion des Hänel Lean-Lifts® mit Vertikallift-Technologie beteiligt. Unter anderem erfand er dabei die hochstabile Hänel Rasterwand, die bis heute kennzeichnend für die Hänel Lean-Lifte® und den 2005 in einer Weltpremiere vorgestellten 3-Achs-Lagerlift Hänel Multi-Space® ist.

HÄNEL

Präsentation der Hänel Lagerlifte im Demo-Center Bad Friedrichshall.

Hänel konstruierte anfänglich Rollladenschränke (oben), heute kommen die Umlaufregale und Lagerlifte sowohl in der Industrie (Mitte) als auch im Büro (unten) zum Einsatz.

ihrem Land den geschulten und autorisierten Service. Das Fundament des Unternehmens legte Gerhard Hänel im Jahr 1953 mit der Gründung seiner Firma Hänel Stahlmöbel in Bad Friedrichshall. Nachdem er zunächst Büromöbel und Rollladenschränke konstruiert hatte, begann er 1957 als erster Hersteller in Europa mit der serienmäßigen Produktion von Registraturliften nach dem Paternoster-Prinzip: dem Hänel Rotomat® Bürolift. Anfang der 1970er-Jahre folgte die Einführung der Hänel Rotomat® Industrielifte. 1994 setzte Hänel durch die Erfindung der Hänel Rasterwand Maßstäbe in der Vertikallift-Technologie. Eine Reihe weiterer Erfindungen im Bereich der Liftsysteme förderte das Wachstum des Familienunternehmens, das sich heute mit den Geschäftsführern Joachim und Michael Hänel in den Händen der zweiten Generation befindet.

DATEN UND FAKTEN

Branchen: Intralogistik, Büro-Organisation

Produkte: automatisierte Lagerlifte

Marktposition: einer der führenden Hersteller von Lagerliften nach dem Umlauf- und Vertikal-Förderprinzip weltweit

Umsatz: ca. 90 Mio. Euro (2009)

Mitarbeiter: ca. 500 (2009)

Standorte: Produktionsstätten am Hauptsitz Bad Friedrichshall, in Wiesentheid und Altstätten/Schweiz; Auslandsniederlassungen in Crètail Cedex/Frankreich, Capelle a/d IJssel/Niederlande und Pittsburgh/USA

Vertrieb: durch Generalvertretungen in über 50 Ländern

MEILENSTEINE

1953 Gerhard Hänel gründet die Firma Hänel Stahlmöbel in Bad Friedrichshall in Baden-Württemberg.

1957 Hänel produziert als erster Hersteller in Europa serienmäßig Registraturlifte nach dem Paternoster-Prinzip: den Hänel Rotomat® Bürolift.

1968 Hänel Werk 2 wird in Wiesentheid in Bayern in Betrieb genommen.

1970er-Jahre Einführung der Hänel Industrie-Umlaufregale Rotomat® Industrielift

1970 In Altstätten in der Schweiz nimmt Hänel Werk 3 die Produktion auf.

1973 Hänel entwickelt die ersten Aluminium-Lifte weltweit.

1978 Das Unternehmen entwickelt Schwerlastlifte mit über 10 t Lagerkapazität.

1994 Erster Lean-Lift® mit Vertikal-Technik und 250 kg Tragkraft je Container. Hänel setzt Maßstäbe in der Vertikallift-Technologie duch die Erfindung der Hänel Rasterwand.

2005 Hänel präsentiert auf der Messe CeMAT in einer Weltpremiere den patentierten 3-Achs-Lagerlift Multi-Space®.

2008 Hänel stellt den Lean-Lift® in EcoDrive® Ausführung vor, der über Frequenzumformer mit Rückspeiseeinheiten die Energierückgewinnung ermöglicht.

HOERNER BANK

Exportquote: 60 % (2009)

Innovationen: Hänel Rasterwand (1994), patentierter 3-Achs-Lagerlift Multi-Space® (2005), Energierückgewinnung EcoDrive® (2008)

Gründer: Gerhard Hänel, 1953, Bad Friedrichshall

KONTAKT

Hänel GmbH & Co. KG
Kocherwaldstr. 25
74177 Bad Friedrichshall
📞 (0 71 36) 2 77-0
📠 (0 71 36) 2 77-33
✉ info@haenel.de
🖥 www.haenel.de

Ansprechpartner Presse:
Thomas Mayer
📞 (0 71 36) 2 77-62
✉ thomas.mayer@haenel.de

Ansprechpartner Investor Relations:
Reiner Raddatz
✉ reiner.raddatz@haenel.de

HOERNER BANK

Die Hoerner Bank Aktiengesellschaft ist einer der größten und ältesten Erbenermittler in Deutschland und zählt in dieser Branche auch weltweit zu den führenden Unternehmen. Das Tätigkeitsfeld im Bereich der Erbenermittlung umfasst in erster Linie die Bearbeitung von Nachlassangelegenheiten im In- und Ausland, in denen die Verwandtschaftsverhältnisse und damit die Erben eines Erblassers ganz oder teilweise unbekannt sind. Parallel dazu übernimmt die unabhängige Privatbank auch weltweit die Beschaffung von Dokumenten, die zum Erbnachweis benötigt werden. Neben der Erbenermittlung bilden die Geschäftsfelder Vermögensverwaltung und Private Banking die Schwerpunkte der Hoerner Bank AG. Weitere Dienstleistungen werden von den Tochter- bzw. Beteiligungsunternehmen Hoerner Financial Services Versicherungsmakler GmbH, der CREDO Finanz- und Vermögensplanung AG und der Hoerner Immobilien GmbH angeboten. Die Wurzeln des Unternehmens reichen bis in die Mitte des 19. Jh. zurück zu einer Agentur, die nach Amerika strebende Auswanderer betreute. Im Jahr 1903 wurde das Amerikanische Bankgeschäft Eugen Hoerner gegründet, das sich bereits der Erbenermittlung verschrieb. Als Aktiengesellschaft firmiert das Unternehmen seit 1996. Im Jahr 2005 erfolgte die Gründung der Hoerner Polska Sp.z o.o. Zudem wurden im vergangenen Jahrzehnt Repräsentanzen in Berlin und Hamburg eingerichtet. Vorsitzender des Vorstandes der Hoerner Bank AG ist Ralf Hirschfeld.

KONTAKT

Hoerner Bank Aktiengesellschaft
Oststr. 77
74072 Heilbronn
📞 (0 71 31) 93 22-0
📠 (0 71 31) 93 22-9 99
✉ info@hoernerbank.de
🖥 www.hoernerbank.de

HORNSCHUCH

Die Konrad Hornschuch AG ist Weltmarktführer für Folien und Kunstleder. Unter der Marke d-c-fix® produziert das Unternehmen dekorative Folien, Funktionsfolien sowie Tischbeläge für den Endverbraucher. Die Industriemarke skai® steht darüber hinaus für hochwertige Folien, Schaumfolien und beschichtete Trägermaterialien, die in der Möbel-, Automobil-, Textil- und Bauindustrie Absatz finden. So kommen Hornschuch-Produkte z. B. bei der Innenausstattung der Mercedes S-Klasse sowie in VIP-Lounges in Stadien wie der Allianz-Arena München zum Einsatz. Hornschuch legt seinen technologischen Schwerpunkt auf die Herstellung von Folien auf Kalandern sowie von Kunstleder auf Streichmaschinen. Zu deren Veredelung setzt das Unternehmen Druck-, Präge- und Kaschiermaschinen ein. Weltweit arbeiten 1.300 Mitarbeiter für Hornschuch, davon sind 900 in Deutschland beschäftigt. Die Produktion erfolgt an zwei dt. Standorten sowie im US-amerikanischen Winchester. Im Jahr 2009 lag der Konzernumsatz bei 135,5 Mio. Euro, 72,1 % des Umsatzes wurde über das Exportgeschäft erzielt. Hornschuch vertreibt die Produkte weltweit über den eigenen Außendienst sowie über Distributionspartner und Agenten. In Europa und Russland übernehmen eigene Tochtergesellschaften den Vertrieb. Die Ursprünge des heutigen Global Players gehen auf die 1898 gegründete Textilgesellschaft Weissbach GmbH zurück. Zunächst wurden Textilien gesponnen oder gewoben. Im Laufe der folgenden Jahre kam auch die Kunststoffbeschichtung der Textilien hinzu. Im Mittelpunkt standen zunächst Bucheinbandstoffe, später dann auf Streichmaschinen hergestellte Ka-

Oben: Der Firmensitz von Hornschuch in Weißbach. Mitte: Rolf J. Gemmersdörfer, Vorstandsvorsitzender der Konrad Hornschuch AG. Mit den beiden Marken d-c-fix® und skai® ist das Unternehmen Weltmarktführer für Folien und Kunstleder.

HUBER PACKAGING GROUP

likos, Kunstleinen und Kunstbrandsohlen. Zu den jüngsten Innovationen zählten im Jahr 2010 laif®, ein innovatives, atmungsaktives Synthetik-Material, und die d-c-fix® Energiesparfolie für Fenster. Im Lauf der Unternehmensgeschichte kam es zu mehreren Wechseln der Eigentumsverhältnisse. Heute befindet sich die Konrad Hornschuch AG, in ihrer Historie durch zahlreiche, auch internationale Akquisitionen erweitert, mehrheitlich im Besitz der Barclays Private Equity.

MEILENSTEINE

1898 Gründung der Textilgesellschaft Weißbach GmbH, die zunächst hauptsächlich Bucheinbandstoffe fertigt

1920 Konrad Hornschuch tritt als Gesellschafter in das Unternehmen ein. Später wird die Textilgesellschaft Weißbach Teil der Konrad Hornschuch Familien AG und erweitert die Produktion um Kunstleder.

1958 Markteinführung der Selbstklebefolien der Marke d-c-fix® und des Kunstleders der Marke skai®

1980 Metallkaschier-, Möbel- und Gartenmöbelfolien revolutionieren die Oberflächengestaltung.

2001 Übernahme der Aktienmehrheit durch die niederländische Halder-Gruppe

2006 DZ Equity Partner GmbH und der L-EA Mittelstandsfond der L-Bank erwerben die bisherigen Halder-Anteile. Gleichzeitig stockt das Hornschuch Management seine Beteiligung auf knapp über 50 % auf.

2008 Die renommierte Kapitalbeteiligungsgesellschaft Barclays Private Equity hält einen Mehrheitsanteil von 80 % am Unternehmen.

2010 Erwerb des US-amerikanischen Folienherstellers O'Sullivan Films

DATEN UND FAKTEN

Branche: kunststoffverarbeitende Industrie

Marktposition: Weltmarktführer für Folien und Kunstleder

Umsatz: 135,5 Mio. Euro (Konzernumsatz 2009)

Mitarbeiter: weltweit 1.300

Ausbildungsquote: ca. 9 %

Standorte: Produktionsstandorte: Weißbach, Herbolzheim (Deutschland), Winchester (USA); Vertriebsgesellschaften in Paris (Frankreich), Milton Keynes (GB), Arese (Italien), Moskau (Russland), Králuv Dvur (Tschechien)

Exportquote: 72,1 % (2009)

Innovationen: laif®: atmungsaktives High-Performance Synthetik Material; d-c-fix® Energiesparfolie für Fenster (2010)

F&E-Quote: ca. 3,5 %

Auszeichnungen: „iF material award 2010" für laif®

KONTAKT

Konrad Hornschuch AG
Salinenstr. 1
74679 Weißbach
📞 (0 79 47) 81-0
📠 (0 79 47) 81-3 00
✉ info@hornschuch.de
🖥 www.hornschuch.de

HUBER PACKAGING GROUP

Die HUBER Packaging Group GmbH ist Weltmarktführer in der Entwicklung, Produktion und dem Vertrieb von 5-Liter-Partyfässern aus Weißblech. Die führende Position ergibt sich aus der technologischen Vorreiterrolle bei der Entwicklung immer neuer Partyfassvarianten und der Höhe des Marktanteils, der einer Schätzung nach mengenmäßiger Ausbringung und globaler Länderpräsenz zufolge bei über 60 % liegt. Zu den Kunden zählen sowohl internat. Brauereigruppen als auch kleinere Brauhäuser aus allen Teilen der Welt. Zugehörige Dienst- und Serviceleistungen wie die Fachberatung durch Vertriebsmitarbeiter oder Miete, Leasing und Verkauf von Abfüllanlagen komplettieren das Portfolio rund um die Entwicklung von Partyfässern. Die Konstruktion des Partyfasses mit integriertem Zapfhahn führte 1998 zu internat. Erfolg, nachdem HUBER bereits 1972 die erste Version eines 5-Liter-Partyfasses erfolgreich vorgestellt hatte. Die Entwicklungsaktivitäten im Geschäftsbereich Beverage konzentrieren sich auf die Entwicklung neuer Zapfsysteme, Fertigungstechnologien und Anwendungsmöglichkeiten. Als Erfinder des ersten Partyfasses mit eingebautem Zapfhahn sowie des ersten Partyfasses mit eingebauter, geregelter CO_2-Druckkartusche war das Unternehmen

Die HUBER Packaging Group operiert in den drei Geschäftsbereichen Beverage, Industrial und Decorative (oben); Firmengründer Karl Huber (unten).

HUBER PACKAGING GROUP

Zu den ersten Produkten, die Karl Huber entwickelte, zählte auch ein Eimer für Wagenschmierfett (oben); 1972 entwarfen die Verpackungsspezialisten die erste Version des Partyfasses (Mitte); das 5-Liter-Partyfass von HUBER Packaging in seiner heutigen Form (unten).

Durch ihre Vorreiterrolle bei der Entwicklung und Produktion von 5-Liter-Partyfässern aus Weißblech etablierte sich die HUBER Packaging Group GmbH in diesem Bereich als weltweiter Marktführer.

HUBER bislang bei allen innovativen Entwicklungsstufen des Partyfasses in der Führungsposition. Ein weiterer Ausbau der internat. Marktpräsenz und die Entwicklung neuer Systeme und Dienstleistungen sollen dazu beitragen, die erreichte Position weiter auszubauen. Im Geschäftsbereich der Partyfässer macht der Export bereits heute einen Anteil von ca. 45 % aus. Der Vertrieb erfolgt durch eigene Mitarbeiter sowie eine weltweite Vertriebsorganisation. Neben den Produkten für die Getränkeindustrie entwickelt und produziert die HUBER Packaging Group im größten Geschäftsbereich „Industrial" Weißblechverpackungen für chemisch-technische Füllgüter, Farben und Lacke sowie Nahrungs- und Genussmittel. Darüber hinaus umfasst das Angebot des dritten Geschäftsbereiches „Decorative" dekorative Verpackungen aus Weißblech. Der Flaschnermeister Karl Huber gründete das Unternehmen 1871 und begann mit der Produktion von Blechbehältern. Zu seinen ersten Produkten zählten mit Holzdeckel verschließbare Eimer für Wagenschmierfett. Sein Schwiegersohn Karl Meister trieb den Ausbau des Bereiches der Blechverpackungen entscheidend voran. Heute befindet sich das Unternehmen in den Händen der fünften Familiengeneration der Gründerfamilie. Mit ca.

EINFACH ERKLÄRT: DAS 5-LITER-PARTYFASS

Das 5-Liter-Partyfass als Einweggebinde ist das kleinste Fass, das in einer Brauerei abgefüllt wird. Der Clou an dem Partyfass aus Weißblech ist der eingebaute Zapfhahn, der die unmittelbare Inbetriebnahme ohne weiteres Zubehör ermöglicht. So eröffnet das 5-Liter-Partyfass nicht nur den Brauereien eine neue Form der Abfüllung und des Vertriebs ihrer Erzeugnisse. Die Konsumenten erhalten gleichzeitig ein leicht zu transportierendes Fass in handlichen Dimensionen, das mittlerweile im Sortiment nahezu jeden Supermarktes und Getränkehändlers zu finden ist. Das Partyfass bedient damit den Trend zum Konsum im privaten Umfeld und bietet durch die Möglichkeit des Zapfens das Flair des Brauereiausschanks. Neben dem klassischen Partyfass easyKeg Integrated Tap (IT) führt Huber mit dem easyKeg Integrated Pressure System (IPS) eine verfeinerte Variante des Fasses, die durch ein patentiertes Drucksystem das Bier nach dem ersten Zapfen 30 Tage lang frisch hält. Seit Ende 2010 ist mit dem Zapf-Star ein weiteres innovatives Partyfass von HUBER am Markt, das ebenfalls die CO_2 Kartusche enthält und bei dem das Bier wie am Tresen von oben gezapft wird.

ILLIG

1.100 Mitarbeitern an sieben Standorten in Deutschland, Österreich, Ungarn und Russland erzielte die HUBER Packaging Group im Jahr 2009 einen Umsatz von 157 Mio. Euro.

SCHON GEWUSST?

■ Weißblechverpackungen und damit auch das Partyfass überzeugen nicht nur als sichere und zuverlässige Verpackung. Weißblech ist dünn gewalzter Stahl und hat als Verpackungswerkstoff nicht nur im Getränkesegment eine positive Bilanz vorzuweisen. Entscheidend ist dabei die Wiederverwertbarkeit, aus leeren Weißblechverpackungen werden durch einfaches Recycling neue Stahlprodukte, beliebig oft und ohne Qualitätsverluste. So werden große Mengen CO_2 eingespart, gerade dann, wenn die Recylingquote wie in Deutschland bei über 93 % liegt.

MEILENSTEINE

1871 Der Flaschnermeister Karl Huber gründet das Unternehmen und beginnt mit der Herstellung von Blechverpackungen.

1972 Die Firma Huber entwickelt das erste 5-Liter-Partyfass in Fassform.

1998 Das erste Partyfass mit eingebautem Zapfhahn führt in Deutschland und weltweit zu großem Erfolg.

2008 Mit einer integrierten, geregelten CO_2-Druckkartusche kommt eine neue Generation von Partyfässern auf den Markt.

2010 Ein völlig neues, integriertes Zapfsystem ermöglicht das Zapfen aus dem Partyfass von oben, eine innovative, verbraucherfreundliche Neuentwicklung für den internat. Markt.

DATEN UND FAKTEN

Branche: Verpackung

Produkte: Weißblechverpackungen in drei Geschäftsbereichen für unterschiedliche Verwendungszwecke: Industrial, Beverage, Decorative

Umsatz: 157 Mio. Euro (2009)

Mitarbeiter: 1.100 (2009); davon 660 in Öhringen, 130 in Bottrop und 140 in Landshut; der Rest verteilt sich auf Niederlassungen in Österreich, Ungarn und Russland

Innovationen: das erste Partyfass mit eingebautem Zapfhahn; das erste Partyfass mit eingebauter, geregelter CO_2-Druckkartusche

Gründer: Karl Huber, 1871, Öhringen

Eigentümer: Zu 100 % im Besitz der 4. und 5. Familiengeneration

KONTAKT

HUBER Packaging Group GmbH
Otto-Meister-Straße 2
74613 Öhringen
✆ (0 79 41) 66-0
🖷 (0 79 41) 66-3 02
✉ info@huber-packaging.com
🖳 www.huber-packaging.com

Ansprechpartner Presse:
Bernhard Kürschner
✆ (0 79 41) 66-2 46
✉ bernhard.kuerschner@huber-packaging.com

ILLIG

Die ILLIG Maschinenbau GmbH & Co. KG entwickelt und baut Maschinen und Werkzeuge für die Thermoformung und die Verpackungstechnik. Das Unternehmen zählt in diesem Bereich zu den globalen Markt- und Technologieführern und investiert gegenüber dem Branchendurchschnitt überdurchschnittlich in Forschung, Entwicklung und Konstruktion neuer Produkte. Zudem verfügt das Unternehmen über das weltweit umfangreichste Lieferprogramm. Dieses beinhaltet im Bereich Thermoformen u. a. Plattenform-Maschinen oder Rollautomaten. Im Segment Verpackungstechnik bietet ILLIG Skin- und Blisterpackmaschinen sowie Form-, Füll- und Verschließanlagen. Vervollständigt wird das Angebot durch ein umfangreiches Werkzeug-Spektrum, das speziell auf ILLIG-Anlagen abgestimmt ist und im eigenen Formen- und Werkzeugbau konstruiert und ge-

Das ILLIG-Werksgelände in Heilbronn.

Adolf Illig (oben) gründete das Unternehmen 1946. Hist. Werksansicht um 1960 (unten).

ILLIG

Mit den Maschinen von ILLIG können die verschiedensten Produkte verpackt werden (oben, Mitte). ILLIG verfügt auch über ein umfangreiches Werkzeugspektrum (unten).

Moderner Thermoformer von ILLIG.

fertigt wird. Die Maschinen werden in den verschiedensten Branchen eingesetzt, etwa in der Automobil-, Lebensmittel- und Getränkeindustrie. Beispielsweise erlauben es die Bottleformer-Maschinen von ILLIG, Joghurt- und Saftflaschen oder Flaschen für isotonische Getränke zu produzieren. Die Maschinen zur Herstellung von präzisen Formteilen aus Kunststoff werden in Serie produziert, aber auch Anfertigungen nach speziellen Kundenwünschen sind möglich: Aus Basismaschinen entstehen durch Module unterschiedliche Ausbaustufen bis zur kundenspezifischen Hochleistungsmaschine für den Mehrschichtbetrieb. Das Leistungsspektrum reicht von der Konstruktion und Beratung bei der Planung über die Inbetriebnahme bis zur Anpassung bereits eingesetzter Anlagen. Die Firma ILLIG mit Hauptsitz in Heilbronn beschäftigt weltweit rund 750 Mitarbeiter. Während das Unternehmen ausschließlich in Deutschland produziert, kommen die Kunden zu einem großen Teil von außerhalb Europas. Niederlassungen in Frankreich, Großbritannien und den USA sowie Servicestützpunkte in Lateinamerika, Fernost und Japan bilden zusammen mit Handelsvertretungen in über 80 Ländern ein engmaschiges Netzwerk für die umfassende Kundenbetreuung. Das inhabergeführte Unternehmen hat seine Wurzeln in einer Heilbronner Garage. Dort gründete Adolf Illig im

EINFACH ERKLÄRT: THERMOFORMEN

Wir halten sie täglich in den Händen: Verpackungen, die mithilfe des Thermoformens hergestellt wurden. Bis man jedoch z. B. einen Rasierer aus seiner Verpackung entnehmen oder eine Praline probieren kann, kommt ein komplexes Verfahren zum Einsatz. Unter Thermoformen versteht man das Umformen von thermoplastischen Kunststoffplatten oder Kunststofffolien von der Rolle (Halbzeug) bei erhöhter Temperatur zu Formteilen. Die Verfahrensschritte sind dabei wie folgt: das Halbzeug wird auf seine Umformtemperatur in den elastoplastischen Bereich erwärmt. Mithilfe eines Thermoformwerkzeugs (z. B. Trinkbecherform) entsteht die Formgebung mittels Vakuum oder Druckluft. Durch das schnelle Abkühlen unter Formzwang wird dabei das Formteil formstabil. Das Produkt wird entformt. Meistens schließen sich noch Nachbehandlungen an, wie Beschneiden, Schweißen, Kleben, Heißsiegeln, Lackieren, Metallisieren oder Beflocken. Plattenform-Maschinen und Rollautomaten von ILLIG unterstützen weltweit das Verpacken vieler verschiedener Produkte – die sich dem Verbraucher dann in ihrer gestanzten, geformten, vielleicht auch vakuumverpackten Hülle präsentieren.

INTERSPORT

Jahr 1946 eine Reparaturwerkstätte, deren erstes Produkt eine vom Gründer konstruierte Säulenbohrmaschine war. Der Bau der ersten ILLIG-Vakuumformmaschine Typ UA 100 markierte 1956 einen technologischen Meilenstein für die weitere Ausrichtung des Unternehmens. In den folgenden Jahrzehnten zeichnete sich ILLIG immer wieder durch wegweisende Entwicklungen aus. Zuletzt wurde 2008 mit dem BF 70 ein neuartiger Bottleformer präsentiert.

MEILENSTEINE

1946 Adolf Illig gründet eine Reparaturwerkstätte in der Garage des elterlichen Wohnhauses.

1956 Bau der ersten ILLIG-Vakuumformmaschine

1960 Vorstellung des R 650: weltweit erster von der Rolle arbeitender Vakuumformautomat zur Verarbeitung vorbedruckter Folie für die Deckelherstellung

1968 Erste Verpackungsanlage, in der das Formen, Füllen und Verschließen integriert ist. Entwicklung der ersten Kolbendosiermaschinen für pastöse Füllgüter

1984 Die RDM 50K ist die erste größere Thermoformmaschine mit Kipptechnik. Sie setzt den neuen Standard für Hygienebedingungen in der Packmittelfertigung.

1989 Entwicklung des ersten Rechnerprogramms zur automatischen Grundeinstellung von Vakuumformmaschinen

1994 Vollaseptische Form-, Füll- und Verschließmaschinen mit einer Tageskapazität von 700.000 Joghurtbechern

2001 Mit zahlreichen Patentanmeldungen schafft es ILLIG in die Top Ten der amtlichen Patentstatistik in Baden-Württemberg.

2008 Mit dem BF 70 wird der weltweit erste serienreife Bottleformer dieser Art präsentiert.

DATEN UND FAKTEN

Branche: Maschinenbau

Produkte: Maschinen und Werkzeuge für die Thermoformung und Verpackungstechnik

Marktposition: Weltmarktführer

Mitarbeiter: ca. 750 (2010)

Standorte: Hauptsitz Heilbronn, eigene Niederlassungen in Frankreich, Großbritannien und den USA, Servicestützpunkte in Lateinamerika, Fernost und Japan

Vertrieb: über die Niederlassungen und über Vertretungen in mehr als 80 Ländern

Innovationen: weltweit erster von der Rolle arbeitende Vakuumformautomat zur Verarbeitung vorbedruckter Folie für die Deckelherstellung (1960); Entwicklung der ersten Kolbendosiermaschinen für pastöse Füllgüter (1968); RDM 50K als die erste größere Thermoformmaschine mit Kipptechnik (1984); In-Mold-Labeling-Produktionsanlage zum Aufbringen von PP-Labeln auf PP-Margarinebecher (1993); BF 70, weltweit erster serienreifer Bottleformer dieser Art (2008)

Gründer: Adolf Illig, 1946, Heilbronn

Eigentümer: Familien Illig und Schäuble

Literatur: P. Schwarzmann: Thermoformen in der Praxis (2. Auflage, 2008)

KONTAKT

ILLIG Maschinenbau GmbH & Co. KG
Robert-Bosch-Str. 10
74081 Heilbronn
☎ (0 71 31) 5 05-0
📠 (0 71 31) 5 05-3 03
✉ info@illig.de
🌐 www.illig.de

Ansprechpartner Presse:
Wolfgang Konrad
☎ (0 71 31) 5 05-0
✉ wolfgang.konrad@illig.de

INTERSPORT

Die INTERSPORT Deutschland eG ist die größte mittelständische Verbundgruppe im weltweiten Sportfachhandel. Alleine in Deutschland sind darin rd. 1.000 Mitglieder zusammengeschlossen, die über 1.400 Fachgeschäfte betreiben (2010). Die INTERSPORT bietet mehrere Betriebstypenkonzepte, die sich an den jeweiligen Sortimentsausrichtungen und Standortrahmenbedingungen orientieren. Darüber hinaus stellt der Verbund unter dem Dach der INTERSPORT-Akademie ein umfangreiches Seminar- und Trainingsangebot für Unternehmer, Nachwuchskräfte, Mitarbeiter und Auszubildende in den Mitgliedsgeschäften zur Verfügung. Zu

Der Stammsitz von INTERSPORT in Heilbronn (Mitte), die Verbundgruppe wird von Klaus Jost und Kim Roether als Vorstand geleitet (unten).

INTERSPORT

Sportfachhandelsläden von INTERSPORT haben sich in Deutschland an der Spitze des Marktes positioniert.

Die internat. Präsenz symbolisiert der Marken-Globus (oben), in Südkorea (Mitte) sind ebenso Intersport-Geschäfte zu finden wie im niedersächsischen Nordhorn.

den Innovationen des Jahres 2010 gehört ein neues Ladenbaukonzept, welches Know-how aus rd. 40 Ladenbauprojekten pro Jahr alleine in Deutschland berücksichtigt. Nach einem Pilotshop in Göteborg und einer Optimierungsphase in Seoul wurden 2010 fünf weitere Pilotgeschäfte in Deutschland eröffnet. Mit über 2,7 Mrd. Euro Umsatz (2010) nimmt der INTERSPORT-Verbund, gemessen am ca. 7,5 Mrd. Euro starken dt. Sportartikel- und Sportmodemarkt, schon lange den ersten Platz in der Branche ein. 20.000 Mitarbeiter erzielen dabei auf über 900.000 qm Verkaufsfläche einen Durchschnittsumsatz von rund 1,9 Mio. Euro je Verkaufsstelle. Der Verbund wurde im Jahr 1956 von 15 Sportfachhändlern gegründet und tritt danach unter dem Namen INTERSPORT auf. Im Lauf der folgenden Jahre wuchs die Zahl der Mitglieder, die von vielen Vorteilen wie z. B. dem effizienten Warenwirtschaftssystem INTERSYS profitieren, kontinuierlich. Die INTERSPORT Deutschland eG ist Gründungsmitglied der IIC-INTERSPORT International Corp. und gilt als Motor dieser Kooperation. In der IIC sind über 5.200 Fachgeschäfte in 39 Ländern organisiert, die für einen Gesamtumsatz von mehr als 9,5 Mrd. Euro stehen. Durch den INTERSPORT-Partner Al-Futtaim wurden bereits Läden in Dubai und Saudi-Arabien eröffnet. Der Sprung nach Afrika erfolgte mit Hilfe der ägyptischen Unternehmerfamilie Azzam. Der Lizenznehmer LG Fashion eröffnete in Seoul drei Geschäfte unter der INTERSPORT-Flagge. Der Flagship-Store im Distrikt Guro zählt dabei mit einer Netto-Verkaufsfläche von

GIS: INTERSPORT-GEO-INFORMATIONSSYSTEM

Die Wahl des Standorts entscheidet maßgeblich über den wirtschaftlichen Erfolg eines Unternehmens. Deshalb sind Standortanalysen und regelmäßige Bewertungen inzwischen unternehmerische Kernthemen. INTERSPORT setzt in diesem Zusammenhang auf professionelle und leistungsfähige Standortanalyse-Systeme, umfangreiche Datenpools, Analyse-Experten und den direkten Kontakt zu Projektentwicklern und Centerbetreibern in ganz Deutschland. Das speziell auf die Anforderungen des Sportfachhandels ausgerichtete INTERSPORT-Geo-Informationssystem, kurz GIS, beinhaltet den größten Wettbewerbsdatenpool des Sport-Einzelhandels und kennt somit fast jedes freie Umsatzpotential sowie Marktanteile und Abschöpfungsquoten.

INTERSPORT

Die INTERSPORT-Welt in Zahlen.

- 9,5 Mrd. Euro Retailumsatz
- rund 20 % Marktanteil
- weltweit 3,25 Mio. m² VK-Fläche
- 60.000 Mitarbeiter
- 5.200 Geschäfte

MEILENSTEINE

1956 Die INTERSPORT wird unter dem Namen EGESPO Einkaufsgenossenschaft Sport GmbH von 15 Sportfachhändlern gegründet und tritt danach unter dem Namen INTERSPORT Deutschland eG auf.

1968 Die INTERSPORT Deutschland eG gründet gemeinsam mit neun weiteren Ländergesellschaften die INTERSPORT International Corp. (IIC) mit Sitz in Bern.

1971 Einführung des heutigen Markenzeichens INTERSPORT.

1983 INTERSPORT übernimmt den Wettbewerber ZENTRASPORT und führt die Eigenmarken McKINLEY, Etirel und TECNO PRO ein.

1990 INTERSPORT führt ein einheitliches Ladenbaukonzept ein und verbindet dies mit Lizenzvereinbarungen.

1999 INTERSPORT übernimmt den Wettbewerber GOLDEN TEAM SPORT.

2003 INTERSPORT übernimmt die Sport Voswinkel GmbH & Co. KG von der Douglas AG.

2004 Eröffnung des 20.000 qm umfassenden Messe- und Veranstaltungscenters redblue in Heilbronn

2009 INTERSPORT beteiligt sich an der SABU Schuh & Marketing GmbH sowie an der RSB Retail+Service Bank GmbH

2010 Das neue Internationale Ladenbaukonzept wird zusammen mit dem neuen CI eingeführt.

4.000 m² zu den größten INTERSPORT-Geschäften weltweit. Die nächsten Lizenzvergaben sind für Taiwan, Hongkong und Singapur sowie anschließend in China geplant. In einem weiteren Schritt sollen Indien, Australien und Neuseeland folgen. Pro Jahr plant die INTERSPORT-Familie, um jeweils einen Markt im asiatisch-pazifischen Raum zu wachsen.

DATEN UND FAKTEN

Branche: Einzelhandel, Sport und Freizeit

Produkte: Sportartikel, Sportmode

Marktposition: Platz 1 in Deutschland (Marktanteil > 35 %) und Europa (Marktanteil > 20 %), weltweit führend

Umsatz: > 9,5 Mrd. Euro (weltweit, davon 2,7 Mrd. Euro in Deutschland)

Mitarbeiter: 60.000 weltweit (davon > 20.000 in Deutschland)

Standorte: weltweit

Vertrieb: weltweit über Fachgeschäfte

Eigentümer: in Deutschland Genossenschaft aus Mitgliedern, die Sporthändler sind

Auszeichnungen: „Händler des Jahres 2010" (Sport + Freizeit)

KONTAKT

INTERSPORT Deutschland eG
Wannenäcker Str. 50
74078 Heilbronn
✆ (0 71 31) 2 88-0
🖨 (0 71 31) 2 12 57
✉ info@intersport.de
🖥 www.intersport.de

KACO

KACO zählt zu den größten Herstellern von Wechselrichtern.

Ansprechpartner Presse:
Roland Scheuermeyer
(0 71 31) 2 88-3 40
rscheuermeyer@intersport.de

(0 71 32) 38 18-0
(0 71 32) 38 18-7 03
info@kaco-newenergy.de
www.kaco-newenergy.de

KACO

Die KACO new energy GmbH ist Spezialist für Stromrichter aller Art. Den größten Anteil am Umsatz machen Photovoltaik-Wechselrichter und Monitoring-Zubehör zur Anlagenüberwachung aus. Als einer der größten Hersteller hat KACO new energy seit 1999 Wechselrichter mit einer kumulierten Leistung von rd. drei GW ausgeliefert. In diesem Segment nahm das Unternehmen im Jahr 2009 die zweite Position am Markt ein (erfasst nach verkaufter Wechselrichterleistung). Den zweiten großen Geschäftsbereich bilden Stromversorgungen für Schienenfahrzeuge und die Industrie. In aller Welt sind über 15.000 batteriegekoppelte KACO-Stromversorgungen in Schienenfahrzeugen im Einsatz. Die technologische Bandbreite umfasst zudem Wechselrichter für Blockheizkraftwerke, Brennstoffzellen und Konzentrator-Module sowie Produkte zur Stromversorgung von Elektromobilen. Des Weiteren zählen Systeme zur solaren Wasseraufbereitung zum Portfolio. Seine Kompetenz bringt das Unternehmen auch in Forschungs- und Entwicklungsprojekte ein. Dazu gehört der von der Bundesregierung initiierte „Flottenversuch Elektromobilität", für den KACO new energy den On-board-Batterielader für das Hybrid-Modell Golf TwinDrive von Volkswagen entwickelt hat. Zusammen mit dem Fraunhofer-Institut für Solare Energiesysteme forscht das Unternehmen an einer Photovoltaik-Hybrid-Systemtechnik für die Dorfstromversorgung. KACO new energy beschäftigt weltweit über 500 Mitarbeiter. Mit Niederlassungen u. a. in den USA, Asien und Europa sowie Vertretungen in allen wichtigen Märkten beliefert das Unternehmen weltweit Kunden mit einem Exportanteil von 30 %. Die Position als Geschäftsführer des Unternehmens mit Sitz in Neckarsulm bekleidet Ralf Hofmann. Die KACO new energy GmbH produziert seit 2006 CO_2-neutral und beteiligt sich darüber hinaus an der internationalen Klimaschutzinitiative myclimate.

KONTAKT

KACO new energy
Carl-Zeiss-Str. 1
74172 Neckarsulm

KÄRCHER

→ Alfred Kärcher

KIESEL

→ G.A. Kiesel

KLAFS

Die Klafs-Gruppe ist Weltmarktführer im Bereich Sauna, Wellness und Spa. Zum Produktportfolio zählen Saunen in Massiv- und Elementbauweise, Dampfbäder, Infrarotkabinen, Pools, gewerbliche und private Wellnessanlagen sowie Zubehör. Hotels und Resorts, Gesundheitszentren und Thermalbäder gehören ebenso zum Kundenkreis wie private Bauherren. Klafs ist das einzige Unternehmen in der Branche, das eigene Entwicklungs- und Produktionsstätten für das komplette Spektrum der Spa-Ausstattung betreibt. Mit zahlreichen Patenten, etwa für die Sauna-Zusatzausstattung Sanarium mit SaunaPUR® für fünf unterschiedliche Badeformen, unterstreicht Klafs seine Innovationskraft. Das Unternehmen wurde 1928 von Erich Klafs in Stettin gegründet und 1945 am heutigen Stammsitz Schwäbisch Hall neu aufgebaut. Anfangs lag der Schwerpunkt auf medizinischen Bäderanlagen, später kamen zunächst private Saunen hinzu. Heute beschäftigt das Unternehmen rund 670 Mitarbeiter, davon arbeiten gut zwei Drittel in Deutschland. Klafs verfügt über zahlreiche Ausstellungszentren und Vertriebsbüros in Deutschland sowie Tochtergesellschaften in Österreich, Polen und der Schweiz. Hinzu kommen Partner in den meisten europäischen und vielen weiteren Ländern der Welt. Im Jahr 2009 erzielte das Unternehmen unter der Leitung von Stefan Schöllhammer einen Umsatz von 86,5 Mio. Euro. Dazu steuerte das Auslandsgeschäft knapp 50 % bei.

KONTAKT

Klafs GmbH & Co. KG
Erich-Klafs-Str. 1-3
74523 Schwäbisch Hall
(07 91) 5 01-0
(07 91) 5 01-2 48
info@klafs.de
www.klafs.de

Klafs ist Weltmarktführer im Bereich Sauna, Wellness und Spa.

KÖNIG & MEYER

Die König & Meyer GmbH & Co. KG ist Weltmarktführer im Bereich Qualitäts-Musikzubehör. Das Unternehmen entwickelt und produziert insbesondere Ständer aller Art, so etwa Mikrofon- und Lautsprecherstative, Notenpulte und Instrumentenhalterungen. Zum Portfolio, das insgesamt rund 1.500 Produkte umfasst, gehören auch Sitze für Schlagzeuger, Geschäftsausstattungen wie beispielsweise Warenträger, Halterungen für Multimedia-Equipment oder eigens entwickelte Produkte wie verschiedene Laptop-Ständer. Neben Hobbymusikern zählen auch Profimusiker zur Zielgruppe des Unternehmens. Die König & Meyer GmbH & Co. KG arbeitet mit zahlreichen Künstlern zusammen. Unter ihnen sind Fettes Brot, die Kastelruther Spatzen, Xavier Naidoo oder Silbermond, für deren Sängerin das Unternehmen in Handarbeit ein exklusives Mikrofonstativ für Live-Auftritte herstellte. Am Firmensitz in Wertheim beschäftigte König & Meyer im Geschäftsjahr 2008/2009 (August 2008 bis Juli 2009) durchschnittlich 245 Mitarbeiter und erzielte einen Umsatz von 29,6 Mio. Euro. 56 % davon wurden im Export erwirtschaftet. Das Unternehmen befindet sich im Besitz der Familie König und wird von Martin König, dessen Tochter Gabriela sowie von Heiko Wolz geleitet. Bereits seit Gründung der Firma 1949 durch Karl König und Erich Meyer werden Produkte wie das 101 Notenpult oder der 210/2 Mikrofonständer nahezu unverändert weiter gebaut. Parallel zu diesen Klassikern wird die Produktpalette kontinuierlich erweitert.

KONTAKT

König & Meyer GmbH & Co. KG
Kiesweg 2
97877 Wertheim/Main
✆ (0 93 42) 8 06-0
📠 (0 93 42) 8 06-1 50
✉ contact@k-m.de
🖥 www.k-m.de

KOLBENSCHMIDT PIERBURG

Die Kolbenschmidt Pierburg AG zählt zu den 100 größten Automobilzulieferern der Welt und ist bei Abgasrückführsystemen, Sekundärluftsystemen, elektrischen Kühlmittelpumpen und Kolben für Pkw-Ottomotoren jeweils die Nr. 1. Sie stellt Komponenten, Module und Systeme zur Schadstoffreduzierung, Magnetventile, Aktuatoren, Öl-, Wasser- und Vakuumpumpen, Kolben für unterschiedliche Einsätze, Zylinderkurbelgehäuse, Zylinderköpfe, Strukturbauteile aus Aluminium und Gleitlager her und vertreibt Ersatzteile. Zum Einsatz kommen die Produkte in Personen- und Nutzkraftfahrzeugen, bei Schiffen, Lokomotiven oder Stationärmotoren. Abnehmer sind nahezu alle Automobilhersteller sowie der weltweite Ersatzteilhandel. Für Forschung und Entwicklung werden im Schnitt 7,5 % des Umsatzes aufgewendet. Schwerpunkte sind Schadstoffreduzierung, Effizienzsteigerung, Verbrauchsminimierung sowie Reibleistungsreduzierung in der Motorentechnik. Das Unternehmen hält 1.500 Patente. Bedeutende Innovationen waren im Jahr 2009 die gekühlte Abgasrückführung mit einem Kühler aus Aluminium-Druckguss, ein Jahr später die Seitenkanal-Sekundärluftpumpe sowie diverse variable Öl- und Wasserpumpen und Stahlkolben. Das Unternehmen beschäftigt weltweit 10.300 Mitarbeiter und erzielt zwei Drittel seines Gesamtumsatzes von 1,5 Mrd. Euro (2009) außerhalb Deutschlands. Weltweit unterhält Kolbenschmidt Pierburg mehr als 40 Standorte. Das Unternehmen gehört zu 100 % zur Rheinmetall AG. Vorstandsvorsitzender ist Dr. Gerd Kleinert. Die Ursprungsunternehmen Kolbenschmidt und Pierburg, deren erste Produkte Vergaser und Kolben waren, wurden in den Jahren 1909 und 1910 gegründet und im Jahr 1998 zusammengeführt.

KONTAKT

Kolbenschmidt Pierburg AG
Karl-Schmidt-Str. 1
74172 Neckarsulm
✆ (0 71 32) 33-0
📠 (0 71 32) 33-27 96
✉ info@kspg.com
🖥 www.kspg.de

KRIWAN

Die KRIWAN Industrie-Elektronik GmbH ist mit einem Marktanteil von 80 % der Weltmarktführer im Bereich der Kältekompressortemperatur- und -schmierungsüberwachung. Darüber hinaus belegt das Unternehmen Spitzenpositionen in weiteren Nischen der Schutz- und Steuerungs- sowie der Gebäudetechnik. Bei Temperatursensoren für Wicklungsschutz in Elektromotoren hält das Unternehmen einen Marktanteil von 95 %. Bei der Windsensorik für Seilbahnen und Mobilkrane liegt der Anteil bei 75 %. Das KRIWAN-Portfolio umfasst Sensoren,

Kolbenschmidt Pierburg zählt zu den 100 größten Automobilzulieferern der Welt.

Die Geschäftsführer von KRIWAN: Dipl.-Ing. Jens Peter Huischen (oben) und Dr.-Ing. Elmar Zeitler (unten).

KRIWAN ist Weltmarktführer im Bereich der Kältekompressorsensorik und -überwachung und belegt Spitzenpositionen in weiteren Nischen der Schutz- und Steuerungs- sowie der Gebäudetechnik.

Schaltgeräte, Steuerungselektronik und Software sowie die kundenspezifische Entwicklung von Systemlösungen. Die angebotenen Produkte dienen der Überwachung und Steuerung von Kältemaschinen, wie sie z. B. in Supermärkten verwendet werden. Weiterhin überwachen sie bei elektrisch angetriebenen Maschinen Parameter wie etwa die Motortemperatur. Die Komponenten der Windsensorik kommen u. a. bei Seilbahnen, Kranen, Windkraftanlagen und Solartrackern zur Anwendung. Generell steht die Kontrolle kritischer und sicherheitsrelevanter Zustände, die höchste Produktqualität erfordern, im Mittelpunkt. Unter den Abnehmern befinden sich Produzenten von Kompressoren und Kälteanlagen sowie Hersteller von Seilbahnen, Kranen, Solar- und Windkraftanlagen. Seine Zukunftsaussichten bewertet das Unternehmen aufgrund des Engagements in Wachstumsmärkten wie der Kälte-/Klimatechnik und den erneuerbaren Energien sehr positiv. 15 % des Umsatzes fließen jährlich in die Forschung und Entwicklung neuer Lösungen. Friedrich Kriwan gründete das nach ihm benannte Unternehmen im Jahr 1968 und begann mit der Herstellung von Verdichterschutz-Geräten. Bis heute befindet sich die Firma vollständig in seinem Besitz. Im Jahr 1997 entstand als erste Tochtergesellschaft ein unternehmenseigenes Testzentrum. Ab 1999 folgte die Gründung mehrerer Auslandsniederlassungen. Heute unterhält KRIWAN Gesellschaften in Österreich, Frankreich, den USA und China. Der Exportanteil liegt bei 75 %. Produktion und Entwicklung werden ausschließlich in Deutschland am Standort Forchtenberg abgewickelt.

DATEN UND FAKTEN

Branchen: Elektronik und Sensorik, Steuerungstechnik, Gebäudetechnik

Produkte: Sensoren, Schaltgeräte, Steuerungsgeräte mit dazugehöriger Elektronik und Software, Entwicklung von Systemlösungen

Exportquote: 75 % (2010)

F&E-Quote: 15 % (2010)

Gründer: Friedrich Kriwan, 1968, Forchtenberg

Eigentümer: Friedrich Kriwan

KONTAKT

KRIWAN Industrie-Elektronik GmbH
Allmand 11
74670 Forchtenberg
✆ (0 79 47) 8 22-0
🖷 (0 79 47) 71 22
✉ info@kriwan.de
🖳 www.kriwan.de

Ansprechpartner Marketing:
Sabine Stosch
✆ (0 79 47) 8 22-18
✉ sabine.stosch@kriwan.de

KWASNY

→ Peter Kwasny

LÄGLER

Die Eugen Lägler GmbH ist der global führende Hersteller von Parkettschleifmaschinen. Als Anbieter des umfangreichsten Produktspektrums für die professionelle Fußbodenbearbeitung erreicht das in Güglingen in Baden-Württemberg ansässige Unternehmen mit seinen Spezialmaschinen einen Weltmarktanteil von 40 bis 50 %. Unter anderem wurden die kunstvollen Holzfußböden in der Eremitage in Sankt Petersburg und das Edelparkett im Burj Khalifa, dem höchsten Gebäude der Welt, mit Lägler-Maschinen geschliffen. Mit rund 50 Mitarbeitern erzielte Lägler 2009 einen Umsatz von 12 Mio. Euro. Der Exportanteil ging im sel-

SCHON GEWUSST?

▌ Die Friedrich-Kriwan-Stiftung fördert im Zuge einer Bildungsinitiative Kinder in schwierigen sozialen Umständen, um ihnen einen Schulabschluss und eine qualifizierte Berufsausbildung zu ermöglichen.
▌ Gemeinsam mit der Firma Carlyle Compressors entwickelte KRIWAN ein Konzept zur Reduzierung des Energiebedarfs bei Kälteanlagen im Supermarkt.

Lägler ist der weltweit führende Hersteller von Parkettschleifmaschinen.

ben Jahr bedingt durch die Wirtschaftskrise von 75 % auf 50 % zurück. Der Vertrieb an das bodenverlegende Handwerk erfolgt in Deutschland und Österreich über einen eigenen Außendienst, weltweit über Generalimporteure auf allen Kontinenten. Geleitet wird das Maschinenbauunternehmen von seinem Inhaber Karleugen Lägler, dessen Vater Eugen Lägler die Firma 1956 gegründet hatte. Ein Meilenstein in der Geschichte war 1969 die Einführung der Bandschleifmaschine HUMMEL. Die wohl bekannteste Parkettschleifmaschine der Welt gibt mit ihrer Langlebigkeit und außergewöhnlich hohen Arbeitsleistung bis heute den Stand der Technik vor. Weitere bedeutende Innovationen waren 1993 die Einführung der ersten staubfrei arbeitenden Flächenschleifmaschine der Welt und 2002 die erste staubfrei arbeitende Randschleifmaschine. 2008 stellte Lägler seine Premium-Schleif-Technologie vor, die neue Dimensionen in Bezug auf Arbeitsqualität, Arbeitsleistung und ermüdungsarme Maschinenbedienung beim Schleifen von Holzfußböden eröffnet.

KONTAKT

Eugen Lägler GmbH
Industriegebiet Kappelrain
74363 Güglingen-Frauenzimmern
(0 71 35) 98 90-0
(0 71 35) 98 90-98
info@laegler.de
www.laegler.com

LÄPPLE

Die Läpple AG produziert Werkzeuge für die blechverarbeitende Industrie. Weltweit zählt sie in diesem Segment zu den drei größten Zulieferern. Läpple entwickelt, konstruiert und produziert Karosseriewerkzeuge, Prototypen, Pressteile und Baugruppen. Darüber hinaus fertigt der Konzern Großformwerkzeuge, Press- und Stanzteile für Karosseriefirmen sowie komplette Fertigungsstraßen und Produktionsanlagen für die Blechverarbeitung. Die Kernkompetenz liegt in der Verformung von Feinblechen aller Werkstoffarten. Hauptabnehmer sind Firmen der Automobilindustrie. Das Unternehmen beschäftigt ca. 2.400 Mitarbeiter. Der Jahresumsatz bewegt sich in einer Größenordnung von etwa 600 Mio. Euro. Produziert wird an sieben Standorten in Deutschland, Südafrika und Irland. Die Läpple AG mit Firmensitz in Heilbronn ist nicht börsennotiert und befindet sich in Familienbesitz. Mit Wolf-Peter Graeser wurde 2004 erstmals kein Mitglied der Läpple-Familie zum Geschäftsführer bestellt. Dem Vorstand gehören Olaf Hedden und Dr. Ralf Herkenhoff an. Aufsichtsratvorsitzender ist Dr. Gerd Kleinert. 1919 erwarb August Läpple eine kleine Werkstatt in Weinsberg bei Heilbronn, wo er Blechteile fertigte. Mit der Grundsteinlegung für das Werk in Heilbronn im Jahr 1950 begann die Expansion des Unternehmens. In Zukunft will Läpple neben den traditionellen Geschäftsfeldern, dem Karosserieroh- und dem Leichtbau, auch in den Bereichen Formenbau, Pressteilefertigung sowie in der Prototypen- und Werkzeugherstellung den Sprung in die Weltspitze schaffen.

KONTAKT

Läpple AG
August-Läpple-Str. 1
74076 Heilbronn
(0 71 31) 1 31-0
(0 71 31) 1 31-2 22
info@laepple.de
www.laepple.de

LAUDA

Die LAUDA Dr. R. Wobser GmbH & Co. KG mit Sitz in Lauda-Königshofen ist der weltweit führende Hersteller von Temperiergeräten und -anlagen für Forschung, Anwendungstechnik und Produktion. Hochwertige Messgeräte ergänzen die Produktpalette. LAUDA entwickelt und produziert u. a. Thermostate, Umlaufkühler, Prozesskühl- und Sekundärkreisanlagen, Viskosimeter und Tensiometer. Ein umfassendes Angebot an Serviceleistungen zählt ebenfalls zum Portfolio. In nahezu allen Zukunftsbranchen, wie z. B. der Medizintechnik und der LED-Beleuchtungstechnik, belegt der hochspezialisierte Nischenanbieter einen der ersten beiden Plätze. So sorgen hier spezielle, von LAUDA hergestellte Umlaufkühler für die richtige Temperatur des Patienten und ermöglichen auf diese

Die Weltkarte zeigt die Auslandstöchter von LAUDA.

Lauda-Königshofen ist der Stammsitz des Unternehmens (Mitte), das heute in dritter Generation von Dr. Gunther Wobser geführt wird.

LAUDA

Bei Temperiergeräten und -anlagen ist LAUDA Weltmarktführer, die chemische und pharmazeutische Industrie sowie führende Hersteller von Medizingeräten weltweit nutzen die Produkte.

Die Übersicht zeigt die Produktbereiche.

Weise sichere Operationen. Alle namhaften Hersteller und Lieferanten der Halbleiterindustrie nutzen Thermostate sowie Heiz- und Kühlsysteme von LAUDA. Auch in der Erforschung und der Massenproduktion lebenswichtiger Medikamente spielen die Produkte eine bedeutende Rolle. Weitere Anwendungsbereiche sind Materialprüfung, Biotechnologie und die Kühlung von Laborgeräten und Maschinen. Mit rd. 300 Mitarbeitern in Deutschland und sechs Auslandsgesellschaften in Russland, Frankreich, den USA, Venezuela, China und Singapur erzielt LAUDA im Jahr 2010 einen Umsatz von rd. 50 Mio. Euro, davon ungefähr die Hälfte in Deutschland, weitere 25 % im übrigen Europa und den Rest in Amerika sowie im Fernen Osten. Das Unternehmen wird in dritter Generation von dem geschäftsführenden Gesellschafter Dr. Gunther Wobser geleitet. Dr. Rudolf Wobser gründete das Messgeräte-Werk LAUDA Dr. R. Wobser KG im Jahr 1956.

ERFOLGSGARANT: AUSBILDUNG UND SOZIALES ENGAGEMENT

Als Weltmarktführer von Temperiergeräten und -anlagen engagiert sich LAUDA seit Jahren in der Nachwuchsförderung. Einerseits geht es darum, jungen Menschen eine langfristige Perspektive zu geben; andererseits bietet die Ausbildung im eigenen Betrieb die Möglichkeit, das hochkarätige Personal der Zukunft zu finden - eine „Win-win-Situation". So beteiligt sich LAUDA neben der Förderung des Olympiastützpunkts der Fechter Tauberbischofsheim u. a. am Projekt „Partnerbetrieb des Spitzensports". Es soll sportlich talentierten Jugendlichen neben ihrer Sportkarriere ein zweites Standbein eröffnen. Weiterhin liegt der Fokus auf der Förderung regionaler Vereine oder Einzelprojekte, die teilweise auch selber initiiert werden. Die Qualität der Ausbildung bei LAUDA zeigt sich u. a. im hervorragenden Abschneiden der Auszubildenden in bundesweiten Wettbewerben. So ging z. B. der Kälteanlagenbauer Martin Baumeister beim Bundesleistungswettbewerb der Kälteanlagenbauer 2008 als Sieger hervor. Er lernt im Betrieb u. a. das Hart- und Weichlöten von Kupferrohren, den Aufbau kältetechnischer Geräte, unterschiedliche Messmethoden sowie das Suchen und Beheben von Fehlern in Anlagen. Neben den weiteren Ausbildungsberufen Industriemechaniker und Elektriker im gewerblichen Bereich bietet LAUDA auch Ausbildungen mit kaufmännischen Abschlüssen an. Mit der Möglichkeit, den Bachelor of Arts (BA) im dualen Studium zu erwerben, bietet LAUDA auch für FH-Absolventen mit Schwerpunkt angewandte Technik interessante Perspektiven. Kooperative Studiengänge ergänzen die enge Verzahnung von Theorie und Praxis. Die Ausbildungsquote liegt bei überdurchschnittlichen 10 %. Die Übernahmequote erreichte bei LAUDA in den vergangenen Jahren 100 %.

LAUDA

MEILENSTEINE

1956 Dr. Rudolf Wobser gründet das Messgeräte-Werk LAUDA Dr. R. WOBSER KG in Lauda.

1958 Mit neuartigen Laborthermostaten und Kältethermostaten mit maschineller Kühlung stellt Lauda die ersten Innovationen auf der ACHEMA vor.

1969 Mit Karlheinz Wobser erhält der ältere Sohn des Gründers die Prokura. Ein Jahr später wird er zum technischen Leiter ernannt.

1971 Der jüngere Sohn des Gründers, Dr. Gerhard Wobser, tritt in das Unternehmen ein und wird kurz darauf zum Leiter der Abteilung Forschung und Entwicklung ernannt.

1977 Dr. Rudolf Wobser verstirbt unerwartet. Karlheinz und Dr. Gerhard Wobser treten als persönlich haftende Gesellschafter seine Nachfolge an.

1988 LAUDA wird in eine GmbH & Co. KG umgewandelt. Karlheinz Wobser und Dr. Gerhard Wobser werden zu gleichberechtigten Geschäftsführern bestellt.

2002 Karlheinz Wobser geht in den Ruhestand und verkauft seine Anteile an seinen Bruder.

2003 Dr. Gunther Wobser, seit 1997 im Unternehmen, wird zum Geschäftsführer bestellt. Mit ihm tritt die 3. Generation in die Geschäftsführung ein.

2005 Mit der LAUDA France wird in Paris die erste von heute sechs Auslandsgesellschaften gegründet.

2006 LAUDA feiert 50-jähriges Firmenjubiläum.

2010 Dr. Gerhard Wobser legt im März nach genau 39 Jahren sein Amt als geschäftsführender Gesellschafter nieder. Sein Sohn Dr. Gunther Wobser wird Alleingeschäftsführer des Unternehmens.

Bereits 1958 stellte er mit den Laborthermostaten im Baukastensystem und dem Kältethermostat mit maschineller Kühlung die ersten Innovationen vor und legte damit den Grundstein für einen bis heute andauernden Trend. Der ältere Sohn, Karlheinz Wobser, war von Anfang an im Unternehmen, nach Physikstudium und Promotion trat auch der jüngere Sohn, Dr. Gerhard Wobser, im Jahr 1971 in die Firma ein. Nach dem unerwarteten Tod des Gründers übernahmen sie sechs Jahre später die Geschäftsführung als persönlich haftende Gesellschafter. Im Jahr 2002 trat Karlheinz Wobser in den Ruhestand und verkaufte seine Anteile. Mit dem älteren Sohn Dr. Gerhard Wobsers, Dr. Gunther Wobser, tritt im Jahr 2003 die dritte Generation in die Geschäftsführung des Mittelständlers ein, der sein stetiges Wachstum nicht zuletzt seiner Innovationskraft verdankt. Diese findet ihren Ausdruck in Neueinführungen wie dem ersten Thermostaten mit Mikroprozessortechnik, der energiesparenden Proportionalkühlung und der leistungsstarken Kühlung mit flüssigem Stickstoff.

DATEN UND FAKTEN

Branche: Heiz- und Kühltechnik

Produkte: Thermostate, Umlaufkühler, Wasserbäder, Prozesskühlanlagen, Wärmeübertragungsanlagen, Sekundärkreisanlagen, Viskosimeter und Tensiometer

Marktposition: Weltmarktführer (Hersteller) von Temperiergeräten und -anlagen sowie von Messgeräten

Umsatz: rd. 50 Mio. Euro (2010)

Mitarbeiter: 300 (2010)

Innovationen: Laborthermostate im Baukastensystem (1958), Kältethermostate mit maschineller Kühlung (1958), automatisches Kapillarviskosimeter (1971), erster Thermostat mit Mikroprozessortechnik (1982), automatische CMC-Bestimmung (1987), neuartige Variopumpe (1997), LN2-Kryopac-Technik (2002), vollautomatisches, kompaktes iVisc Kapillarviskosimeter (2009).

Gründer: Dr. Rudolf Wobser, 1956, Lauda

Eigentümer: Stamm der Familie Wobser in der 2. und 3. Generation sowie weitere Gesellschafter der Stämme Hagspiel und Widmann

KONTAKT

LAUDA Dr. R. Wobser GmbH & Co. KG
Pfarrstr. 41/43
97922 Lauda-Königshofen
(0 93 43) 5 03-0
(0 93 43) 5 03-2 22
info@lauda.de
www.lauda.de

LOSBERGER

Die Losberger GmbH ist einer der weltweit führenden Hersteller, Vermieter und Vertreiber temporärer Raumlösungen.

Lutz ist einer der weltweit führenden Anbieter im Bereich der professionellen Fass- und Containerentleerung.

MAFI ist weltweit das Synonym für Rolltrailer im Seehafenumschlag von Containern und Stückgut bei der RoRo-Abfertigung.

LOSBERGER

Die Losberger GmbH ist einer der weltweit führenden Hersteller, Vermieter und Vertreiber von nicht dauerhaften und damit mobilen Raumlösungen. Die Produktpalette reicht vom einfachen Partyzelt und Zelt-Ensemble für Großveranstaltungen über sog. semipermanente Hallen und Zelte für Lager, Verkauf und Produktion bis hin zu temporären Zivilschutz- und Militärzelten. Dabei bieten Losberger-Zelte mit ihrem speziellen Baukastensystem eine besondere Vielfalt an Größen, Formen und Ausstattungsvarianten. Die Wurzeln des Unternehmens liegen im Jahr 1919. Damals gründete Friedrich Losberger sen. in Heilbronn einen Betrieb für Jutesäcke und Zelte. Mittlerweile wird das Familienunternehmen seit fast 30 Jahren von dem Enkel des Gründers, Friedrich Losberger, geleitet. Heute zählt Losberger zur Spitze in seiner Branche. Der Aufstieg zum weltweit tätigen Unternehmen begann 1992, als Losberger die Exportaktivitäten systematisch ausbaute. Seitdem verfügt der Zelt- und Hallenspezialist mit Stammsitz in Bad Rappenau über Kunden und Vertriebsstrukturen nicht nur in Europa, sondern auch in Asien, den USA und Australien. Eigene Standorte unterhält Losberger zudem in Italien, Großbritannien, den USA, Ungarn, Frankreich und seit 1999 auch in China. Seit 14 Jahren firmiert das Unternehmen unter dem Dach der KMH-Holding, bei der Friedrich Losberger größter Einzelgesellschafter ist. Losberger beschäftigt insgesamt rd. 620 Mitarbeiter und erzielte im Jahr 2010 einen Umsatz von rd. 104 Mio. Euro. 65 % davon steuerte das Auslandsgeschäft bei.

KONTAKT

Losberger GmbH
Gottlieb-Daimler-Ring 14
74906 Bad Rappenau
(0 70 66) 9 80-0
(0 70 66) 9 80-2 32
losberger@losberger.com
www.losberger.com

LUTZ PUMPEN

Die Lutz Pumpen GmbH ist einer der weltweit führenden Anbieter im Bereich der professionellen Fass- und Containerentleerung. Das Portfolio des in Wertheim ansässigen Unternehmens umfasst neben Fass- und Containerpumpen auch Doppelmembranpumpen, Zentrifugalpumpen und Durchflusszähler. Die Pumpen kommen beim Um- und Abfüllen von unterschiedlichsten Flüssigkeiten aus Fässern, Containern und kleineren Gebinden zum Einsatz. Sie sind auch in explosionsgeschützten Ausführungen erhältlich und erfüllen alle notwendigen internat. Normen. Die Kunden des Pumpenherstellers kommen aus der Chemie, dem Maschinenbau und vielen weiteren Branchen. Ein Entwicklungsschwerpunkt liegt auf dem verbesserten Arbeits- und Umweltschutz. Die Lutz Pumpen GmbH ist Teil des Lutz Firmenverbundes, der unter dem Dach der Lutz Holding GmbH mehrere mittelständische Firmen umfasst. Insgesamt beschäftigt die von Jürgen und Heinz Lutz in zweiter Generation inhabergeführte Gruppe weltweit rund 350 Mitarbeiter. Der Export steuert über 50 % zum Umsatz bei. Produktionsstandorte befinden sich in Deutschland und der Schweiz, hinzu kommen Niederlassungen und Vertriebsbüros in Europa, den USA, dem Mittleren Osten und Asien. Insgesamt ist Lutz in 75 Ländern präsent. Gegründet wurde das Unternehmen 1954 von Karl Lutz. 1961 erfolgte der Einstieg in die Entwicklung und Produktion von elektrischen Fass- und Containerpumpen. Bereits 1970 wurde eine Niederlassung in den USA eröffnet. Zuletzt wurde das internat. Netz im Jahr 2008 durch die Gründung von Lutz Pumps Co. Ltd. in Guangzhou/China erweitert.

KONTAKT

Lutz Pumpen GmbH
Erlenstr. 5-7
97877 Wertheim
(0 93 42) 8 79-0
(0 93 42) 8 79-4 04
info@lutz-pumpen.de
www.lutz-pumpen.de

MAFI

Die MAFI Transport-Systeme GmbH hat sich auf komplexe Fahrzeuge mit schweren Nutzlasten bzw. hohen Zugkräften für Hafen und Industrie spezialisiert. Die Produktpalette umfasst Zugmaschinen mit verbrennungsmotorischem oder batterieelektrischem Antrieb, Schwerlastanhänger, Rolltrailer und Containerchassis. Zum Kundenkreis gehören Seehäfen in aller Welt, die Industrie, Zulieferer und Logistikdienstleister der Automobil-, Stahl- und Aluminiumindustrie, sowie Logistik- und Güterverteilzentren. MAFI ist weltweit das Synonym für Rolltrailer im Seehafenumschlag von Containern und Stückgut bei der RoRo-Abfertigung. Dieses System, das aus Zugmaschine, Schwanenhals und Rolltrailer besteht, wurde von MAFI in den 1960er-Jahren entwickelt und revolutionierte den Umschlag im Hafen. Ungefähr 75 % des gesamten Auftragseingangs erzielt die MAFI Transport-Systeme GmbH im Export. Die Schwerpunkte liegen in erster Linie in den sog. EMEA-Staaten (Europa, Mittlerer Osten und Afrika). Die 1975 gegründete MAFI Transport-Systeme GmbH gehört heute zur NDW Beteiligungsgesellschaft mbH, die auch Eigentümerin der TREPEL Airport Equipment GmbH ist. Diese vertreibt Flugzeuglader, so genannte Paletten-Container-Lader und -Transporter, zum Be- und Entladen aller Flugzeugtypen mit Paletten und Containern mit bis zu 35 t Nutzlast, Passagier- und Cateringfahrzeuge und Flugzeugschlepper zum Positionieren von großen Flugzeugen auf dem Flughafenvorfeld. Die Kunden der TREPEL Airport Equipment GmbH sind weltweit Flughäfen, Fluggesellschaften und Abfertigungsgesellschaften.

KONTAKT

MAFI Transport-Systeme GmbH
Hochhäuser Str. 18
97941 Tauberbischofsheim
✆ (0 93 41) 8 99-0
📠 (0 93 41) 8 99-1 07
✉ sales@mafi.de
🖥 www.mafi.de

MARBACH-GRUPPE

Die Marbach-Gruppe ist internat. der technologisch führende Systemlieferant für Stanzformtechnik. Mit Stanzformen werden Verpackungen z. B. für Zigaretten, Medikamente, Parfüm oder Lebensmittel hergestellt. Abnehmer sind alle namhaften Unternehmen in diesen Bereichen wie bspw. Nestlé, Kraft oder Henkel ebenso wie Druckereien und Hersteller von Faltschachteln und Wellpappe. Zu den Dienstleistungen des Unternehmens gehört die fachkompetente Beratung der Kunden sowie die Anwendungsunterstützung der Kunden vor Ort. Auf dieser Basis werden von der firmeneigenen Entwicklungsabteilung häufig neue Projekte zur Produktionssteigerung der Marbach-Kunden umgesetzt. Ein Beispiel hierfür ist die deutliche Erhöhung der Produktivität der Abpackautomaten bei der Davidoff-Zigarettenverpackung durch die Entwicklung einer neuen Stanztechnologie. Marbach beschäftigt weltweit 1.100 Mitarbeiter, davon mehr als 500 am Stammsitz in Heilbronn. Hier liegt die Ausbildungsquote bei 8,5 %. Produktionsstätten gibt es in der Schweiz, Frankreich, Tschechien, Polen, Rumänien, der Slowakei und den USA. Darüber hinaus unterhält das Unternehmen ein Vertriebsbüro in China sowie Joint Ventures in Ägypten und Großbritannien. Das Franchise-Netz umfasst bislang Firmen in Russland und Saudi-Arabien, soll aber in Zukunft stetig erweitert werden. Geschäftsführender Gesellschafter des Familienunternehmens ist in dritter Generation Peter Marbach, der mit seinem Vater Karl G. Marbach die Firmenanteile hält. Gegründet wurde das Unternehmen 1923 von Karl H. Marbach. 1926 begann Marbach mit der Herstellung von Bandstahlschnitten. Als technologischer Meilenstein gilt der Einsatz der ersten Laserschneidanlage in Europa im Jahr 1972. Im Jahr 2009 konnte Marbach die erste ökologisch nachhaltige Trägerplatte am Markt präsentieren.

KONTAKT

Karl Marbach GmbH & Co. KG
August-Häußer-Str. 6
74080 Heilbronn
✆ (0 71 31) 9 18-0
📠 (0 71 31) 9 18-2 13
✉ info@marbach.com
🖥 www.marbach.com

METALLWARENFABRIK GEMMINGEN

Die Metallwarenfabrik Gemmingen GmbH ist ein Spezialist für Generatoren, Stromerzeuger, Feuerwehrbedarf (u. a. Handscheinwerfer, Kabeltrommeln, Stative) sowie Stanz- und Druckgusstechnik. Weltmarktführer ist das Unternehmen im Bereich transportabler Stromerzeugersysteme mit Asynchrontechnik. Die Stromerzeuger bieten ein Leistungsspektrum von 3,0 kVA bis 500 kVA. Sie können z. B. für Kreissägen, Kompressoren, Lüfter und Pumpen sowie zur Notstromversorgung verwendet werden. Die Produkte werden unter den Markennamen „EISEMANN" und „GEKO" angeboten. Eigene Entwicklungsabteilungen kümmern sich um die fortlaufende technische Weiterentwicklung im Bereich Stromerzeuger-Lösungen. Die Metallwarenfabrik Gemmingen GmbH mit Firmensitz in Gemmingen beschäftigt 300 Mitarbeiter. Die Produktionsstätten liegen in Deutschland und Ungarn. Exportiert wird weltweit. Die Geschäfte führen Jörg Wilhelm und Martin Scheuermann. Das Unternehmen

Die Marbach-Gruppe ist internat. der technologisch führende Systemlieferant für Stanzformtechnik.

MUSTANG

wurde 1961 gegründet. Zunächst produzierte man Stanzteile für die Elektromotorenindustrie. Wenig später begann die Fertigung der IEC-Normmotorenbaureihe und die Entwicklung von Problemlösungen für dem Elektromotorenbau. Im Jahre 1982 wurde ein neuer Fertigungszweig begründet, als man mit dem Bau der GEKO-Stromerzeugeraggregate begann. 1991 wurde ein Aluminiumdruckgusswerk in Betrieb genommen. Im Jahre 1998 übernahm die Metallwarenfabrik Gemmingen GmbH die Stromerzeugerfertigung von der Robert Bosch GmbH, zwei Jahre später auch die Fertigung von Handscheinwerfern, Stativen und Kabeltrommeln.

KONTAKT

Metallwarenfabrik Gemmingen GmbH
Industriestr. 1
75050 Gemmingen
✆ (0 72 67) 8 06-0
📠 (0 72 67) 8 06-1 00
✉ info@metallwarenfabrik.com
🖥 www.metallwarenfabrik.com

MUSTANG

Die MUSTANG Gruppe mit Sitz in Künzelsau/Süddeutschland startete als erster europäischer Jeanshersteller seine außergewöhnliche Erfolgsgeschichte. Mit einer Markenbekanntheit von 87 % (Spiegel Outfit Studie 6, 2007) und einem Jahresumsatz von 108 Mio. Euro (2009) ist das 1932 gegründete Unternehmen heute eine der führenden Denim- und Lifestylemarken Europas, die ihre Produkte internat. verkauft. Das Portfolio bietet eine komplette Outfit-Produktpalette für Damen und Herren, die neben dem Kernprodukt Jeans auch Hosen, Röcke und Kleider, Blusen und Jacken sowie passende Accessoires umfasst. MUSTANG steht für eine konsequente Markenführung und ein klar definiertes Markenprofil. Das Unternehmen verfügt über eine internat. aufgebaute Designabteilung mit Entwicklungskern in Deutschland. Die Markenbotschaft „MUSTANG – true style since 1932" mündet in einem hohen Anspruch an alle Mitarbeiter, Kunden und Lieferanten des Unternehmens. Geradezu legendär sind die Geschichten um den Einstieg der Gründerfamilie in das Denim-Business. Über den Tausch von 6 Flaschen Schnaps gegen 6 original US-Jeans organisierte der Schwiegersohn der Firmengründerin, Albert Sefranek, 1948 die ersten Schnittmuster. Ihm ist auch die erste europ. Damenjeans (1953) zu verdanken sowie die Marke MUSTANG, die er 1958 schützen ließ. Der strategische Fokus ist auf die Bedürfnisse

Der Klassiker: Eine MUSTANG-Jeans

Der MUSTANG-Flagship-Store in Stuttgart; dem Unternehmen steht heute Heiner Sefranek (unten) als Inhaber in dritter Generation vor.

MUSTANG ist eine der führenden europ. Jeanswearmarken.

MUSTANG

des Endverbrauchers und aller MUSTANG-Partner ausgerichtet. So bietet das zunehmend vertikal operierende Unternehmen Endverbrauchern mit Monobrand-Stores, Franchising, Shop-in-Shops und einem Online-Store optimierte Erreichbarkeit, umfassende Unterstützung bei Planung und Beratung sowie beste Lieferbedingungen. Zum Kundenkreis zählen große Gruppen wie Karstadt, Kaufhof und Wöhrl sowie im Ausland bspw. auch Shopper's Stop, der größte Department-Store-Betreiber Indiens. Die GmbH befindet sich in dritter Generation im Besitz von Heiner und Hanns-Friedrich Sefranek. Die Geschäftsführung teilen sich Heiner Sefranek, Wulf Hermann und Theo Birkemeyer, der zum Jahresende 2008 als erster externer CEO ernannt wurde. Das Unternehmen beschäftigt 480 Mitarbeiter (2009), 350 davon in Deutschland, und bildet in sechs Berufen aus. MUSTANG wird in 41 Ländern distribuiert. Monobrand Stores existieren in Deutschland, Kroatien, Ungarn, Polen, Russland, der Tschechischen Republik, Hong Kong und China. In Indien erfährt das Brand über seinen Partner Shopper's Stop eine dynamische Entwicklung via Shop-in-Stores. Mit einem Umsatzanteil von 55 % (2009) ist Deutschland der wichtigste Markt; Expansionsschwerpunkte liegen auf Ländern wie China, Indien und Russland. MUSTANG verpflichtet sich und seine Lieferanten bzw. Partner zur Einhaltung arbeitsrechtlicher und sozialer Mindest-Rahmenbedingungen.

Darüber hinaus sind die Künzelsauer u. a. Partner des Projekts „Cotton made in Africa". Es widmet sich der Förderung einer nachhaltigen Baumwollproduktion in Afrika und der Verbesserung der Lebensbedingungen afrikanischer Baumwollbauern.

DATEN UND FAKTEN

Branche: Textilindustrie, Bekleidung, Bekleidungseinzelhandel

Produkte: Komplette Outfits für Damen und Herren und dazu passende Accessoires

Marktposition: eine der führenden Jeanswear- und Lifestylemarken Europas

Umsatz: 108 Mio. Euro (2009)

Mitarbeiter: 480 (2009)

Standorte: 9 Standorte in Deutschland, Europa, Russland und China

Exportquote: 45 % (2009)

Innovationen: erste europ. Jeans (1948), erste europ. Damenjeans (1953), erste europ. Cordjeans (1955), erste europ. Stretchjeans (1961)

Gründer: Luise Hermann, 1932, Künzelsau

Auszeichnungen: U. a. „Verdienstmedaille des Landes Baden-Württemberg" für Albert Sefranek (1986), „Oscar du Textil" für Heiner Sefranek (1988), „Staufermedaille" für Albert Sefranek (1990), „Wirtschafts-

MUSTANG im Jahr 1959 auf der Frühjahrsmesse in Frankfurt, rechts im Bild Albert Sefranek (oben), Beispiele aus der aktuellen Kollektion (Mitte, unten).

KULTUR: MUSTANG MUSEUM FÜR DIE ZUKUNFT

Die Erfolgsgeschichte der europ. Jeans begann in einer Villa in der süddeutschen Kleinstadt Künzelsau. Hier nähte Unternehmensgründerin Luise Hermann ab 1932 Arbeitskleidung, bis ihr Schwiegersohn Albert Sefranek sie von den damals außerhalb der USA völlig neuartigen amerikanischen Hosen überzeugte. Im Jahr 2007 wurde das Haus zum authentischen „MUSTANG MUSEUM für die Zukunft" umgebaut und bietet der Öffentlichkeit eine einmalige Dokumentation der Firmen- wie auch der Jeansgeschichte. 280 Quadratmeter auf zwei Stockwerken beherbergen Exponate, die bis dahin hinter verschlossenen Archivtüren nur wenigen MUSTANG-Mitarbeitern zugänglich waren. Eine multimediale Inszenierung macht die Erfindung der Jeans sowie die facettenreiche und spannende Geschichte der Marke mit dem Wildpferd-Logo erlebbar. Das Museum lässt Einblicke in das Leben der Gründerfamilie zu und zeichnet die spannende Entwicklung des Unternehmens von den 1930er-Jahren bis zum modernen Jeanswear und Lifestyle-Anbieter nach.

Internet: www.mustang-museum.com

OPTIMA GROUP

Die Optima Group wurde 1922 von Otto Bühler gegründet. Produziert wird auch heute größtenteils in Deutschland.

Verdienstmedaille des Landes Baden-Württemberg" für Heiner Sefranek (1994), „Gütesiegel des Deutschen Franchise Verbandes e. V." für die MUSTANG GmbH (2007)

MEILENSTEINE

1932 Luise Hermann gründet die L. Hermann Kleiderfabrik in Künzelsau.

1948 Schwiegersohn Albert Sefranek beginnt mit der Produktion der ersten außerhalb der USA hergestellten Jeans.

1958 Inspiriert durch das amerik. Lebensgefühl hat er die geniale Idee, ihr den Namen MUSTANG zu geben.

1981 Mit MUSTANG Portuguesa wird die erste internationale Produktionsgesellschaft, mit MUSTANG France die erste internationale Vertriebsgesellschaft etabliert und ein wichtiger Schritt in die Internationalisierung gestartet.

1990 Heiner Sefranek erwirbt mit dem Zukauf von 50 % der Anteile eine 3/4-Mehrheit am Unternehmen und übernimmt die Gesamtverantwortung als geschäftsführender Gesellschafter der MUSTANG-Firmengruppe

2004 MUSTANG startet auf breiter Front innovative, visionäre Flächenkonzepte mit seinen Kunden.

2006 Ausbau aller retailorientierten Vertriebskanäle

2008 MUSTANG expandiert weltweit über vertikale Systeme und Store-Eröffnungen. Mit Theo Birkemeyer ernennt Inhaber Heiner Sefranek zum ersten Mal einen familienexternen CEO.

2009 Die Einzelhandelsaktivitäten werden in einer neugegründeten, eigenen Firma zusammengefasst. In Hong Kong, China und Russland werden eigene Subsidiaries installiert. In Indien folgt eine Partnerschaft mit dem dortigen größten Department-Store-Betreiber.

KONTAKT

MUSTANG GmbH
Austraße 10
74653 Künzelsau
✆ (0 79 40) 1 25-0
🖷 (0 79 40) 1 25-1 02
✉ info@mustang.de
🖳 www.mustang-jeans.com

OPTIMA GROUP

Die Optima Group produziert Abfüll- und Verpackungsanlagen für Pharma-, Consumer- und Papierhygieneartikel sowie Produktionsanlagen für medizinisch-pharmazeutische Produkte. Weltweit die Nummer eins sind die Verpackungsmaschinen bei Windeln und Damenhygieneprodukten in Folienbeuteln, bei Portionspackungen wie Pads oder Kapseln für Kaffee und Tee und bei Funktionsverschlüssen für Lebensmittel. In diesen Segmenten liegt der Weltmarktanteil je nach Produkt und Region bei 60 bis 80 %. Ein erfahrenes Projektmanagement erlaubt es der Optima Group, weltweit umfangreiche Gesamtlösungen in zentraler Verantwortung durchzuführen. Der hohe Innovationsgrad der Maschinen spiegelt sich nicht nur in immer wieder neuen Verpackungen wider, sondern wird etwa auch im Einsatz von Robotertechnik, flexiblen Modulen und RFID-gestützter Technologie deutlich. Die Optima Group, die 2009 einen Umsatz von 200 Mio. Euro erzielte, produziert größtenteils an den beiden dt. Standorten am Stammsitz Schwäbisch Hall und in Mornshausen. Weitere Produktionsstandorte befinden sich in den USA, Brasilien, Mexiko, Italien, China und Frankreich. Rund 80 % der Produktion ist für den internat. Markt bestimmt. Vertriebs- und Serviceniederlassungen gibt es in England, Japan und Südkorea. Hinzu kommen weltweit Vertretungen. Insgesamt beschäftigt die Unternehmensgruppe rund 1.200 Mitarbeiter. Unter dem Dach der Optima Packaging Group GmbH agieren in den einzelnen Unternehmensbereichen verschiedene Tochtergesellschaften. Darüber hinaus bestehen mehrere Beteiligungen an Partnerunternehmen. Das Familienunternehmen befindet sich im Besitz der Nachkommen des Gründers Otto Bühler. Dieser fertigte in seiner Firma ab 1922 zunächst Abfüllwaagen

Die Verpackungsmaschinen der Optima Group sind in vielen Bereichen weltweit führend.

für Lebensmittel. 1950 wurde das Programm um Verpackungsmaschinen erweitert, 20 Jahre später wurden die ersten Verpackungsmaschinen für Hygieneartikel entwickelt. 1984 gründete das Unternehmen in den USA die erste Auslandsniederlassung. Es folgten zahlreiche Firmenübernahmen und schließlich im Jahr 2000 die Umstrukturierung zur Optima Packaging Group.

SCHON GEWUSST?

■ In den 1970er-Jahren wurde die Brotverpackungsmaschine LBV zweckentfremdet: Der wachsende Windelmarkt und die Nachfrage nach Folienverpackungen ließ einen findigen Ingenieur auf die Idee kommen, Windeln und Toastbrotscheiben technisch zu vergleichen. Damit begann die Erfolgsgeschichte der automatisierten Windelverpackung.

DATEN UND FAKTEN

Branche: Maschinen- und Anlagenbau

Produkte: Abfüll- und Verpackungsanlagen für Pharma-, Consumer- und Papierhygieneartikel; Produktionsanlagen für medizinisch-pharmazeutische Produkte

Marktposition: Weltmarktführer bei Maschinen für die Verpackung von Windeln und Damenhygieneprodukten in Folienbeuteln, bei Portionspackungen wie Pads oder Kapseln für Kaffee und Tee und bei Funktionsverschlüssen für Lebensmittel. In diesen Segmenten liegt der Weltmarktanteil je nach Produkt und Region bei 60 bis 80 %.

Gesamtumsatz: 200 Mio. Euro (2009)

Mitarbeiter: 1.200 (weltweit, 2009)

Standorte: Produktionsstandorte am Stammsitz Schwäbisch Hall und in Mornshausen sowie in den USA, Brasilien, Mexiko, Italien, China und Frankreich

Vertrieb: weltweit über Vertretungen; Vertriebs- und Serviceniederlassungen in England, Japan und Südkorea

Auslandsanteil: über 90 %

Gründer: Otto Bühler, 1922, Schwäbisch Hall

Eigentümer: Familie Bühler

KONTAKT

OPTIMA packaging group GmbH
Steinbeisweg 20
74523 Schwäbisch Hall
(07 91) 5 06-0
(07 91) 5 06-90 00
info@optima-ger.com
www.optima-group.de

PETER KWASNY

THE WORLD OF SPRAYPAINT

Die Peter Kwasny GmbH ist auf Sprühlacksysteme spezialisiert. Im Bereich Lackspraydosen gehört man zu den Weltmarktführern und ist in Europa mit 25 % Marktanteil die Nummer eins. Die Produktpalette umfasst u. a. Lackspraydosen, Lackstifte und Lackiervorbereitungsmaterialien für Ausbesserungsarbeiten an Automobilen und Zweirädern. Mit seiner „SprayMax"-Lackspraydosen-Technologie erreicht Kwasny nach eigenen Angaben Ergebnisse, die sonst nur mit einer Lackierpistole möglich würden. Die Lackspraydosen des Unternehmens werden vorwiegend im Profibereich eingesetzt, aber auch von Bastlern und Heimwerkern. Zu den Kunden zählen sowohl die internat. Automobilindustrie als auch der private Endkunde. Die Peter Kwasny GmbH hält über 50 internat. und nat. Patente. Das Unternehmen beschäftigt 400 Mitarbeiter. Im Jahr 2008 betrugen die Netto-Umsatzerlöse 45,8 Mio. Euro. Das Unternehmen mit Firmensitz in Gundelsheim unterhält Tochtergesellschaften in Frankreich, Österreich, in der Schweiz, der Tschechischen Republik und den USA. Ein Logistikzentrum befindet sich in Sinsheim. Importeure und Partner gibt es in weiteren Ländern. Die Produkte des Unternehmens werden weltweit vertrieben. Die Peter Kwasny GmbH ist in Familienbesitz. Die Geschäfte führen Gisela Kwasny, Sabine Kwasny-Grimminger, Hans-Peter Kwasny, Dr. Karlheinz Dickerhof, Lothar Grimminger und Alexander Kunkel. Peter Kwasny gründete das Unternehmen im Jahre 1964.

KONTAKT

Peter Kwasny GmbH
Heilbronner Str. 96
74831 Gundelsheim
(0 62 69) 95-0
(0 62 69) 95-70
info@kwasny.de
www.kwasny.com

R. STAHL

Martin Schomaker und Dr. Peter Völker bilden den Vorstand der R. STAHL AG (oben, v. l.), weltweit verfügt das Unternehmen über acht Produktionsstätten (unten).

R. STAHL

Die R. STAHL AG ist weltweiter Technologieführer im elektrischen Explosionsschutz. Die umfangreiche Produktpalette reicht von explosionsgeschützten Schaltgeräten, Tastern und Leuchten über Steuerungen bis hin zu kompletten Systemen. Als einziger Hersteller bietet R. STAHL das komplette Spektrum der verschiedenen Explosionsschutzmethoden an, zudem ist man als einziges Unternehmen weltweit in der Lage, den Kunden auch komplexe Systemlösungen anzubieten. 2009 erzielte R. STAHL mit 1.400 Mitarbeitern einen Umsatz von 202,6 Mio. Euro. Damit liegt das Unternehmen in Bezug auf Umsatzvolumina nach eigenen Schätzungen mit einem Marktanteil von ca. 14 % weltweit auf Platz zwei. Die Produkte und Systeme werden überall dort eingesetzt, wo explosionsfähige Gas-Luft-Gemische oder Stäube auftreten können. Darunter fallen Bereiche der chemischen Industrie und der Pharmazie, der Erdöl- und Erdgasindustrie, des Schiffbaus sowie der Energie- und Umwelttechnik und der Nahrungsmittelindustrie. Zu den aktuellen Forschungsschwerpunkten zählen die LED-Technik, die WLAN-Technik, intelligente Prozessautomation, Solarenergie für den Inselbetrieb und netzunabhängige Energiesysteme. Insgesamt generieren Produkte, die jünger als fünf Jahre sind, rund 40 % des Unternehmensumsatzes. Mit 22 Tochtergesellschaften und 60 Vertretungen ist R. STAHL weltweit präsent. Produziert wird an acht Standorten in Europa, Nordamerika und Asien. Im Jahr 2009 steuerte das Auslandsgeschäft 74 % zum Umsatz bei. Rafael Stahl gründete das Unternehmen 1876 in Stuttgart und begann mit der Herstellung von Maschinen für die Textilindustrie. 1926 sammelte der Betrieb erstmals Erfahrungen im Explosionsschutz: Auf Nachfrage der chemischen Großindustrie entwickelte man elektrische Spezialgeräte für Aufzüge, Elektrozüge und Krane für den sicheren Einsatz in explosionsgefährdeten Bereichen. Bereits 1949 erlangte R. STAHL die Marktführerschaft für explosionsgeschützte elektrische Betriebsmittel. Seit dem Verkauf des Unternehmensbereichs Fördertechnik 2006 konzentriert man sich ganz auf den Explosionsschutz. Die zukünftigen Aktivitäten des Unternehmens stehen im Zeichen einer vor einigen Jahren formulierten Wachstumsstrategie. Um mittelfristig einen Umsatz von 300 Mio. Euro zu erreichen, will R. STAHL Wachstumschancen in neuen Branchen, Regionen und im Systemgeschäft nutzen. Ein erster Schritt in diese Richtung war der Einstieg in die Schiffsausrüstungsindustrie durch die Akquisition der norwegischen Tranberg AS im Jahr 2006.

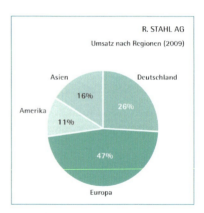

Die in Waldenburg, Nordwürttemberg, ansässige R. STAHL AG ist weltweiter Technologieführer im elektrischen Explosionsschutz.

R. STAHL

MEILENSTEINE

1876 Der Schlossermeister Rafael Stahl gründet das Unternehmen mit seinem Teilhaber Gustav Weineck in Stuttgart. Die mechanische Werkstatt beginnt mit der Herstellung von Haushaltsgeräten.

1893 Die Söhne Karl und Rafael initiieren mit der Entwicklung des ersten Handaufzugs den Einstieg in die Fördertechnik.

1926 Auf Nachfrage der chemischen Großindustrie entwickelt man elektrische Spezialgeräte für Aufzüge, Elektrozüge und Krane für den sicheren Einsatz in explosionsgefährdeten Bereichen.

1949 R. STAHL wird zum Marktführer für explosionsgeschützte elektrische Betriebsmittel.

1997 Das Familienunternehmen geht an die Börse.

2006 Verkauf des Unternehmensbereichs Fördertechnik und damit Fokussierung auf den wachstumsstärkeren Explosionsschutz

2007 Mit der Akquisition der norwegischen Tranberg AS erhält R. STAHL Zugang zur Schiffsausrüstungsindustrie.

2009 Durch die Entscheidung, in der Krise kein Personal abzubauen, sondern die Kapazitäten auf das Systemgeschäft zu lenken, setzt sich R. STAHL vom Wettbewerb ab und wird Marktführer im Systemgeschäft.

DATEN UND FAKTEN

Branche: Explosionsschutz

Produkte: Produkte, Komponenten und Systeme inklusive Engineering im elektrischen Explosionsschutz

Marktposition: Nummer zwei im elektrischen Explosionsschutz mit einem Marktanteil von 14 % in Bezug auf den Umsatz; weltweiter Technologieführer und einziger Anbieter von komplexen Systemlösungen

Gesamtumsatz: 202,6 Mio. Euro (2009)

Mitarbeiter: 1.400 (2009)

Standorte: Stammsitz Waldenburg; weltweit 21 Tochtergesellschaften; Produktionsstätten in Deutschland, den USA, Kanada, den Niederlanden, Norwegen, Indien und Malaysia

Vertrieb: weltweit über eigene Vertriebsgesellschaften und Vertretungen

Exportquote: 74 % (2009)

Gründer: Rafael Stahl, 1876, Stuttgart

Eigentümer: Aktiengesellschaft zu 51 % im Besitz der Gründerfamilien

KONTAKT

R. STAHL Unternehmensgruppe
Am Bahnhof 30
74638 Waldenburg
✆ (0 79 42) 9 43-0
🖷 (0 79 42) 9 43-43 33
✉ info@stahl.de
🖥 www.stahl.de

Ansprechpartner Presse:
Judith Schäuble
✆ (0 79 42) 9 43-12 17
✉ judith.schaeuble@stahl.de

Die Produkte von R. STAHL kommen u. a. auf Bohrinseln (oben) und in der chemischen Industrie zum Einsatz (Mitte). Automatisierungstechnik spielt auch im Explosionsschutz eine immer wichtigere Rolle (unten).

EINFACH ERKLÄRT: ELEKTRISCHER EXPLOSIONSSCHUTZ

In der produzierenden Industrie besteht das Risiko von Explosionen immer dort, wo explosionsfähige Gas-Luft-Gemische oder Stäube auftreten könnten. So z. B. in Raffinerien, bei der Gewinnung und Förderung von Erdöl und Erdgas, in der chemischen oder pharmazeutischen Industrie. Dort kann es zum Beispiel bei Wartungsarbeiten oder durch ein Leck vorkommen, dass unkontrolliert Gas austritt. Dieses mischt sich mit dem Sauerstoff der Luft und wird zu einem hoch explosionsfähigen Gemisch. Würde ein handelsüblicher Schalter zum Betätigen eines Ventils, eines Motors o. Ä. beim Vorbeiziehen einer solchen Gas-Luft-Wolke betätigt werden, bestünde durch den Funken im Schalter höchste Explosionsgefahr. Mit dem Einsatz von Explosionsschutz-Produkten, wie sie R. STAHL entwickelt und vertreibt, ist diese Gefahr gebannt. Elektrische Produkte für den Explosionsschutz sind so konstruiert, dass entweder die gefährliche Funkenbildung vermieden wird oder der Funke derart gekapselt ist, dass im Gefahrenfall keine Explosionen und damit Schäden entstehen können. Der elektrische Explosionsschutz, wie er von R. STAHL entwickelt, produziert und vertrieben wird, ist damit eine Sicherheitstechnik für Mensch, Maschine und Umwelt.

RECARO AIRCRAFT SEATING

RECARO Aircraft Seating mit Sitz in Schwäbisch Hall rangiert unter den drei größten Flugzeugsitzentwicklern und -herstellern weltweit.

RECARO AIRCRAFT SEATING

Die RECARO Aircraft Seating GmbH & Co. KG ist internat. führend in der Entwicklung, Produktion und dem Vertrieb von Leichtbau-Sitzen für Passagierflugzeuge. Mit einem Marktanteil von mehr als 20 % rangiert das Unternehmen unter den drei größten Flugzeugsitzentwicklern und -herstellern weltweit. Das Produktprogramm des Luftfahrtzulieferers umfasst Flugzeugsitze für die Economy Class, Premium Economy Class und Business Class. Darüber hinaus ergänzen Dienstleistungen für Technischen Service, Training, Ersatzteile und Reparaturen am Stammsitz Schwäbisch Hall das Portfolio. Durch die enge Zusammenarbeit mit den drei weiteren Produktionsstätten und einem Service-Center-Netz ist die weltweite Unterstützung der Kunden gewährleistet. Zu den Abnehmern gehören mehr als 100 global operierende Fluggesellschaften. Der Forschungsschwerpunkt liegt auf der Entwicklung innovativer Produktlösungen in Puncto Leichtbau, Komfort und Design bei wettbewerbsfähigen Kostenstrukturen. So stellte das Unternehmen 2006 mit dem Sitz Comfort Line 3610 zum ersten Mal die Single-Beam-Technologie vor und präsentierte 2009 mit dem Smart Line 3510 den mit 9,1 kg Gewicht leichtesten am Markt erhältlichen Sitz für das Segment der Kurzstrecke. Im Economy-Class-Bereich bietet RECARO Aircraft Seating eine komplette Produktpalette an: Ob Kurzstrecke oder Langstrecke – für jeden Einsatzzweck hat das Unternehmen das passende, standardisierte Produkt im

Im Jahr 2010 beschäftigt RECARO Aircraft Seating rund 1.400 Mitarbeiter an sechs Standorten auf vier Kontinenten.

Portfolio. Auch im Business-Class-Bereich überzeugt der Flugzeugsitzentwickler und -hersteller mit seiner Kompetenz: Hier setzt RECARO Aircraft Seating seit einigen Jahren Standards in Sachen Gewicht und Komfort. Die RECARO Aircraft Seating GmbH & Co. KG entstand 1997 als eigenständige Spartengesellschaft innerhalb der familiengeführten Unternehmensgruppe Keiper Recaro Group, zu der außerdem die beiden Firmen RECARO und KEIPER gehören. Ursprünglich ging RECARO Aircraft Seating aus dem Unternehmen RECARO hervor, einem Hersteller von Autositzen mit mehr als 100 Jahren Tradition. 1971 wurden unter dem Namen RECARO aircomfort die ersten Flugzeugsitze des Typs 9777 in Lizenz für die US-Firma Hardman Aerospace gebaut. Noch im gleichen Jahr brachte das Unternehmen mit dem First-Class-Sitz 2020 die erste Eigenentwicklung auf den Markt. Knapp 40 Jahre später - im Jahr 2010 - beschäftigt RECARO Aircraft

Das Produktprogramm von RECARO Aircraft Seating umfasst Flugzeugsitze für die Economy Class, Premium Economy Class und Business Class.

RECARO AIRCRAFT SEATING

EINFACH ERKLÄRT: SINGLE BEAM

RECARO Aircraft Seating ist es als erstem Flugzeugsitzentwickler und -hersteller gelungen, einen Sitz mit Single-Beam-Technologie zu realisieren, der den strengen Zulassungsanforderungen der Luftfahrtbranche entspricht. Single Beam bezeichnet eine Sitzkonstruktion, bei der die Sitzstruktur nicht wie üblicherweise auf zwei Trageholmen, sondern lediglich auf einem einzelnen tragenden Holm aus besonders leichtem Material basiert. Durch die Eliminierung eines Holms kann der Sitz deutlich schlanker ausgelegt werden – was dem Passagier zugute kommt, der nun auch bei kleinen Sitzabständen mehr Beinfreiheit genießt als in herkömmlichen Economy-Class-Sitzen.

MEILENSTEINE

1971 RECARO legt mit der Produktion des ersten eigenen Flugzeugsitzes 2020 den Grundstein für die heutige RECARO Aircraft Seating GmbH & Co. KG.

1980 Erste Zwischenbilanz: Mit drei Sitzmodellen hat RECARO aircomfort bisher 172 Flugzeuge unterschiedlichster Größen für 18 Airlines ausgestattet.

1992 Mehr als 50 Airlines fliegen weltweit mit RECARO. Mit der Entwicklung des Economy-Sitzes 3410 für United Airlines gelingt RECARO aircomfort der Einstieg in den US-Markt, ein Großauftrag für mehr als 400 Boeing- und Airbus-Flieger folgt.

1997 Die RECARO Aircraft Seating GmbH & Co. KG wird im Rahmen einer Umstrukturierung eigenständige Spartengesellschaft innerhalb der familiengeführten Unternehmensgruppe.

2000 Eröffnung des neuen Firmensitzes in Schwäbisch Hall

2002 RECARO Aircraft Seating erhält den ersten Großauftrag für den für Lufthansa entwickelten Business-Class-Sitz Full Flat.

2006 Weltneuheit 3610: RECARO stellt in Hamburg den ersten 16g-zertifizierten Flugzeugsitz mit Single Beam-Konstruktion vor.

2009 RECARO Aircraft Seating gewinnt den internat. anerkannten Branchenpreis Crystal Cabin Award gleich in zwei Kategorien. Mehr als 100 Airlines weltweit gehören zum Kundenstamm des global operierenden Unternehmens.

2010 Das Unternehmen bringt mit dem Smart Line 3510, der nur rund 9 Kilogramm wiegt, den aktuell leichtesten Sitz für das Segment der Kurzstrecke auf den Markt.

Seating rund 1.400 Mitarbeiter an sechs Standorten auf vier Kontinenten. Produktionsstätten betreibt die Firma in Schwäbisch Hall (Deutschland), Swiebodzin (Polen), Fort Worth/Texas (USA) und Kapstadt (Südafrika). Der Umsatz im Jahr 2009 lag bei 245 Mio. Euro. Der Exportanteil liegt bei ca. 75 %. Für die Zukunft sieht sich die Firma gut aufgestellt, um am prognostizierten Wachstum der Luftfahrtbranche von mehr als 6 % zu partizipieren. Weiteres Potenzial ergibt sich durch den wachsenden Markt im Raum Asien-Pazifik.

DATEN UND FAKTEN

Produkte: Sitze für Passagierflugzeuge

Marktposition: Weltmarktführer im Bereich der Leichtbau-Sitze für Passagierflugzeuge; rangiert mit einem Marktanteil von über 20 % weltweit unter den drei größten Flugzeugsitzentwicklern und -herstellern

Umsatz: 245 Mio. Euro (2009)

Mitarbeiter: 1.400 weltweit, davon rd. 700 in Deutschland (2010)

Standorte: Produktionsstätten in Schwäbisch Hall (Deutschland), Swiebodzin (Polen), Fort Worth/Texas (USA), Kapstadt (Südafrika); weitere Niederlassungen in Dubai (U.A.E.), Hongkong (China)

Patente: 127 Schutzrechtsfamilien mit 273 aktiven Schutzrechten im Bereich Flugzeugsitze

Eigentümer: Keiper Recaro Group

Auszeichnungen: Crystal Cabin Award für die Sitze Comfort Line 3620 und Smart Line 3510 (2009), Australian International Design Award of the Year für Sitz Comfort Line 3610 (2009)

KONTAKT

RECARO Aircraft Seating GmbH & Co. KG
Daimlerstr. 21
74523 Schwäbisch Hall

2009 erhielten zwei Produkte von RECARO Aircraft Seating den Crystal Cabin Award: der Comfort Line 3620 (oben) und der Smart Line 3510 (Mitte). Darunter: der First-Class-Sitz 2020 war 1971 der erste selbst entwickelte Flugzeugsitz von RECARO Aircraft Seating.

ROTEX

Die in Güglingen ansässige ROTEX Heating Systems GmbH exportiert in weltweit 21 Länder.

Als Teil der TII Gruppe, dem weltweit führenden Verbund in der Entwicklung von Schwerlastfahrzeugen, befindet sich SCHEUERLE im Besitz des Multiunternehmers Senator E.h. Otto Rettenmaier.

📞 (07 91) 5 03-70 00
📠 (07 91) 5 03-71 63
✉ info@recaro-as.com
🖥 www.recaro-as.com

Ansprechpartner Presse & Öffentlichkeit:
Anja Hesse
📞 (07 91) 5 03-77 10
✉ anja.hesse@recaro-as.com

ROTEX

Die ROTEX Heating Systems GmbH ist ein Hersteller von kompletten Heizungssystemen und von Produkten aus technischen Kunststoffen. Als führender Anbieter von Heizungstechnik kombiniert ROTEX hochbelastbare technische Kunststoffe mit modernen Metallverbindungen. Das Unternehmen verwendet überall dort Kunststoffe, wo sie Metallen überlegen sind, z. B. bei Heiz- und Speicherrohren, Fittings, Lagertanks, Gehäusen sowie Abdeckungen. Bei Werkstücken aus Metall werden Materialverbindungen gewählt, die sich durch hohe Korrosionsfestigkeit, geringes Gewicht und große Hitzebeständigkeit auszeichnen. Dies zeigt z. B. der patentierte Aluminium-Edelstahlverbund beim ROTEX Heizkessel A1. ROTEX ist technologischer Vorreiter im Bereich kompletter Heizungssysteme mit Solarenergienutzung als zentrale regenerative Energie-Komponente. Das Gesamtsystem ROTEX EcoHybrid® umfasst alle Bereiche der Heizung: Wärmeerzeugung, Warmwasserbereitung und -verteilung sowie Heizöllagerung. Mit rund 380 Beschäftigten und Niederlassungen in Frankreich, Spanien, Italien sowie Großbritannien exportiert ROTEX weltweit in 21 Länder. Das 1973 gegründete Unternehmen ist seit 2008 eine 100%ige Tochter der Daikin Europe NV mit Sitz in Oostende, Belgien. Diese ist wiederum eine Tochtergesellschaft der Daikin Industries Ltd., einem börsennotierten Unternehmen mit Sitz in Osaka, Japan. Geschäftsführer der ROTEX Heating Systems GmbH mit Sitz in Güglingen sind Dr.-Ing. Franz Grammling und Yasuo Mishiro.

KONTAKT

ROTEX Heating Systems GmbH
Langwiesenstr. 10
74363 Güglingen
📞 (0 71 35) 1 03-0
📠 (0 71 35) 1 03-2 00
✉ info@rotex.de
🖥 www.rotex.de

SCHEUERLE

Schwerlasttransporter sind das Spezialgebiet der SCHEUERLE Fahrzeugfabrik GmbH. Gemeinsam mit den Firmen KAMAG und NICOLAS bildet das Unternehmen die TII Gruppe (Transporter Industry International), den weltweit führenden Verbund in der Entwicklung von Schwerlastfahrzeugen. Von den jährlich etwa 750 produzierten Fahrzeugen der Gruppe stammen jeweils ca. 350 aus der SCHEUERLE Fahrzeugfabrik in Pfedelbach, gelegen im baden-württembergischen Hohenlohe. Die Transporter kommen überall dort zum Einsatz, wo schwere Lasten bewegt werden müssen, seien es U-Boote, historische Tempel und Kirchen, flüssiges Erz und Schlacke oder Bauteile für Windkraftanlagen. Unter den Abnehmern befinden sich in erster Linie Schwerlastspeditionen, Schiffswerften, Hütten- und Stahlwerke, der Industrie- und Anlagenbau sowie die Luft- und Raumfahrtindustrie. Neben branchenspezifischen Lösungen und einer Reihe modular aufgebauter Transportkomponenten umfasst das Portfolio auch die Entwicklung von individuell zugeschnittenen Spezialkonstruktionen. Dienstleistungen wie die Wartung, Reparatur, Ersatzteillieferung oder die Einweisung des Betriebspersonals ergänzen das Angebot. Forschungsaktivitäten orientieren sich an den sich jeweils verändernden Anforderungen des weltweiten Transportbedarfs schwerer Güter. So entwickelte SCHEUERLE mit einem patentierten Windflügeladapter z. B. eine wichtige Komponente für den Transport von Windkraftanlagen. Die Wurzeln des Unternehmens reichen zurück in das Jahr 1869, als Christian Scheuerle in Pfedelbach eine Schmiede gründete. Sein Enkel Willy Scheuerle begann nach seinem Ingenieurstudium im Jahr 1937 mit dem Bau von Schwerlastfahrzeugen. Der Durchbruch gelang ihm 1949 mit der Entwicklung des ers-

Für die europäische Organisation für astronomische Forschungen auf der südlichen Hemisphäre (European Southern Observatory - ESO) konstruierte SCHEUERLE zwei Antennentransporter, die in der chilenischen Atacama-Wüste im Einsatz sind.

SCHEUERLE

Die SCHEUERLE Fahrzeugfabrik GmbH entwickelt und produziert Schwerlasttransporter, die überall dort zum Einsatz kommen, wo schwere Lasten wie z. B. U-Boote bewegt werden müssen.

ten modernen Tiefladers. Als Pionier in diesem Segment konzipierte er im Lauf der Jahre zahlreiche Weiterentwicklungen, deren Prinzipien noch heute weltweit die Grundlage für die Konstruktion moderner Schwerlasttransporter bilden. Darunter befindet sich u. a. die hydraulisch abgestützte und gelenkte Pendelachse aus dem Jahr 1957. Mit der Entwicklung des hydrostatischen Zusatzantriebs legte SCHEUERLE im gleichen Jahr den Grundstein für selbstfahrende Transporter. Seit 1987 befindet sich das Unternehmen im Besitz des Multiunternehmers Senator E.h. Otto Rettenmaier, der die Firma aufgrund technischer Faszination erwarb. Mit dem Kauf der Unternehmen NICOLAS 1994 und KAMAG 2004 formierte er schließlich die TII Gruppe.

SCHON GEWUSST?

▌Im Laufe der Unternehmensgeschichte erreichte SCHEUERLE mehrere Weltrekorde rund um den Transport schwerer Lasten. So konstruierte man 1991 den ersten selbstfahrenden Transporter für 700 t Nutzlast als Einzelfahrzeug. Im Jahr 2004 gelang der abermals als Weltrekord registrierte Transport einer Öl- und Gasplattform mit einem Gewicht von 14.350 t. Beim Transport einer Abwasserbehandlungsanlage in Norwegen 2009 bewegten die SCHEUERLE Modultransporter gemeinsam mit Modultransportern von KAMAG schließlich eine Last von sage und schreibe 15.000 t.

EINFACH ERKLÄRT: TRANSPORT VON WINDKRAFTANLAGEN

Windkraftanlagen gehören zu den wichtigsten Pfeilern der regenerativen Energieerzeugung. Da sie häufig an schwer zu erreichenden Standorten installiert werden, sei es auf dem Land oder im Wasser, gestaltet sich der Transport ihrer Komponenten als logistische Herausforderung. Die unter dem Dach der TII Gruppe agierenden Schwesterunternehmen SCHEUERLE, NICOLAS und KAMAG entwickelten gemeinsam eine Reihe spezieller Lösungen für den Transport der windmühlenartigen Kolosse. So ist der Plattformwagen NICOLAS MDEL mit Windturmadapter z. B. in der Lage, Windturmsegmente mit einem Gewicht von bis zu 120 t und einem Innendurchmesser von 6.000 mm sicher zu bewegen. Für den Transport der Rotorblätter kommt ein von Scheuerle entwickelter patentierter Flügeladapter zur Anwendung, der über eine Hebe-, Senk- und Schwenk-Vorrichtung verfügt. In engen Kurven kann der Flügel damit über Stützmauern, Bäume, Gebäude oder andere Hindernisse manövriert werden.

Die Transporter von SCHEUERLE bewegen Schwerlasten aller Art; z. B. Häuser oder Bauteile für Windkraftanlagen bis hin zu gesamten Öl- und Gasplattformen.

SCHNEIDER

DATEN UND FAKTEN

Branche: Fahrzeugbau

Produkte: Schwerlasttransporter

Mitarbeiter: 360 (2009)

Innovationen: erster moderner Tieflader (1949), hydraulisch abgestützte und gelenkte Pendelachse (1957), InterCombi PB (2010)

Gründer: Christian Scheuerle, 1869, Pfedelbach

Eigentümer: Senator E.h. Otto Rettenmaier

KONTAKT

SCHEUERLE Fahrzeugfabrik GmbH
Öhringer Str. 16
74629 Pfedelbach
(0 79 41) 6 91-0
(0 79 41) 6 91-4 00
info@scheuerle.com
www.scheuerle.com

SCHNEIDER

→ Armaturenfabrik F. Schneider

SCHUBERT

→ Sonderartikel S. 78

SCHUNK

Die SCHUNK GmbH & Co. KG ist Kompetenzführer für Spanntechnik und Greifsysteme. Sie ist der weltgrößte Anbieter in den Bereichen Spannbacken, Dehnspanntechnik und Greiftechnik. In der Spanntechnik umfasst das Portfolio u. a. Werkzeughaltersysteme, stationäre Spannsysteme, Magnettechnik, Drehfutter und Hydro-Dehnspanntechnik-Sonderlösungen. Der Bereich Automation gliedert sich in Greif-, Dreh- und Linearmodule, Roboterzubehör, Modulare Montageautomation und Systemlösungen. Abnehmer sind der Maschinen- und Anlagenbau, die Automobil- und Elektronikindustrie, aber auch zahlreiche Unternehmen aus dem Healthcare-Sektor, der Luft- und Raumfahrtindustrie, der Energiewirtschaft oder der Uhren- und Schmuckindustrie. Darunter finden sich viele namhafte Hersteller wie Airbus, Bosch, DMG, Heidelberger Druck, Rolex, Schaeffler sowie alle europäischen Automobilmarken. SCHUNK investiert 8 % des Umsatzes in Forschung und Entwicklung. Das Unternehmen hält etwa 160 Patentfamilien, mit denen alle Kernprodukte geschützt werden. So etwa der vielzahngeführten Universalgreifer PGN-plus oder die TRIBOS Polygonspanntechnik, ein System zur hoch-genauen Werkzeugspannung. Das Unternehmen wird von Heinz-Dieter Schunk, seinem Sohn Henrik A. Schunk und seiner Tochter Kristina I. Schunk geleitet. Weltweit sind ca. 1.800 Mitarbeiter bei SCHUNK beschäftigt, davon fast 1.400 in Deutschland. Mit ihnen erzielte das Unternehmen 2008 einen Umsatz von 206 Mio. Euro. 23 Tochtergesellschaften und zahlreiche Vertriebspartner sorgen für den Vertrieb auf allen fünf Kontinenten. Niederlassungen befinden sich u. a. im europäischen Ausland, in China, USA, Kanada, Russland und Japan. Über Deutschland erstreckt sich ein dichtes Netz eigener Fachberater sowie zahlreicher Vertriebspartner. „Mehr bieten, als der Kunde erwartet", das war schon die Devise von Friedrich Schunk, der 1945 in Lauffen am Neckar seine mechanische Werkstatt in einer Garage eröffnete. Zu den ersten Produkten zählte eine Lampenschirm-Lochmaschine. Schon bald fertigte der Betrieb Präzisionsteile für Audi NSU und Porsche. Von den 1960er- bis in die 1980er-Jahre wurden die Bereiche Spannbacken, Hydro-Dehnspanntechnik, Automation und Stationäre Spannsysteme aufgebaut. Heute gilt SCHUNK als Pionier der Modularen Robotik und als Vorreiter bei der Entwicklung neuer, hocheffizienter Technologien für Spanntechnik und Automation. Anwender profitieren vom weltweit umfangreichsten standardisierten Präzisionswerkzeughalterprogramm, dem breitesten Greiferprogramm, dem größten mechatronischen Greifspektrum und einer 30-Jahre-Funktionsgarantie auf vielzahngeführte Greifmodule.

DATEN UND FAKTEN

Branche: Maschinenbau

Produkte: Spanntechnik: Werkzeughalter, Stationäre Spannsysteme, Magnettechnik, Drehfutter, Spannbacken, Hydro-Dehnspanntechnik-Sonderlösungen; Automation: Greif-, Dreh- und Linearmodule, Roboterzubehör, Modulare Montageautomation, Industrielle Bildverarbeitung

Marktposition: Weltmarktführer in den Bereichen Spanntechnik und Greifsysteme

Umsatz: 206 Mio. Euro (2008)

Mitarbeiter: ca. 1.800 weltweit

Ausbildungsquote: 13 %

Exportquote: 40 %

Firmengründer Friedrich Schunk (oben); heute obliegt die Geschäftsführung des Familienunternehmens Heinz-Dieter Schunk (Mitte), seiner Tochter Kristina I. Schunk (links) und seinem Sohn Henrik A. Schunk.

SCHUNK

Die SCHUNK GmbH & Co. KG ist Weltmarktführer bei Spanntechnik und Greifsystemen und entwickelt u. a. Greif-, Dreh- und Linearmodule sowie Roboterzubehör und Systemlösungen für den Bereich Automation.

Patente: 160 Patentfamilien

F&E-Quote: 8 %

Literatur: F. Keuper, H. A. Schunk (Hrsg.): Internationalisierung deutscher Unternehmen (2009); A. Wolf, R. Steinmann: Greifer in Bewegung (2004); S. Hesse, G. J. Monkmann, R. Steinmann, H. A. Schunk: Robotergreifer (2004)

KONTAKT

SCHUNK GmbH & Co. KG
Bahnhofstr. 106-134
74348 Lauffen/Neckar
📞 (0 71 33) 1 03-0
📠 (0 71 33) 1 03-23 99
✉ info@de.schunk.com
🖥 www.schunk.com

Fortsetzung auf S. 82

Der Firmensitz von SCHUNK in Lauffen am Neckar (oben), Spannmittel von SCHUNK für die Werkzeug- und Werkstückspannung (Mitte) und der SCHUNK Powerball-Arm, der für die Servicerobotik konzipiert wurde.

EINFACH ERKLÄRT: HAND UND KUGELGELENK FÜR SERVICEROBOTER

Servicerobotern gehört die Zukunft – in der Industrie wie im häuslichen Umfeld. Als Pionier der Modularen Robotik bietet SCHUNK einen mechatronischen Baukasten, aus dem sich unterschiedlichste Anwendungen für die Servicerobotik konstruieren lassen. So hat SCHUNK für Greifaufgaben die Dreifingerhand SDH-2 entwickelt. Sie funktioniert ähnlich wie die menschliche Hand und kann geschickt unterschiedlichste Objekte greifen und positionieren. Für das notwendige Fingerspitzengefühl sorgt ein integriertes Sensorsystem. Damit die Hand keinen Schaden anrichtet, hat sie weder Ecken noch scharfe Kanten. Zudem lassen sich Greifgeschwindigkeit und -kraft individuell programmieren. Stößt die Hand an ein Hindernis, stoppt die Bewegung in wenigen Millisekunden. Ein weiteres Bauteil für die Modulare Robotik ist der SCHUNK Powerball. Er vereint die Bewegungen zweier Achsen miteinander und arbeitet ähnlich wie ein menschliches Kugelgelenk. So können kompakte und platzsparende Leichtbauarme, Serviceroboter und andere modular aufgebaute Handhabungsapplikationen realisiert werden. Auch hier sind Position, Geschwindigkeit und Drehmoment flexibel einstellbar. Die nötige Steuer- und Regelungselektronik ist bereits integriert. Die Dreifingerhand und das Gelenkmodul werden mit Gleichstrom betrieben, die ideale Voraussetzung für den mobilen, akkubetriebenen Einsatz als Serviceroboter.

SCHUBERT

SCHUBERT

Mit einem Marktanteil von 30 % ist die Gerhard Schubert GmbH der weltweit führende Hersteller von Toploading-Verpackungsmaschinen. Mit den TLM-Verpackungsmaschinen von Schubert können stückige Verbrauchsgüter aller Art verpackt werden, wie etwa Ampullen, Schminksets, Bierflaschen, Pralinen, Schokoriegel oder Tiernahrung. Abnehmer sind produzierende Betriebe verschiedenster Branchen. In den Bereichen Nahrungsmittel, Pharma, Kosmetik, Getränke und Süßwaren gehören nahezu alle großen Unternehmen zu den Kunden von Schubert, u. a. Nestlé, Ferrero, Procter & Gamble, Unilever, Danone und viele mehr. Allen angebotenen Systemkomponenten liegt die Idee eines modularen Baukastensystems zugrunde, das die Konstruktion möglichst flexibler Lösungen fördert. Der Kern des Portfolios besteht aus sieben Grundkomponenten, aus denen die TLM-Verpackungsmaschinen zusammengesetzt werden. Gegenüber den Wettbewerbern sieht sich Schubert aufgrund seines technologischen Vorsprungs gut positioniert. So arbeitet das

In Crailsheim bauen 600 Mitarbeiter auf dem 50.000 qm großen Firmengelände pro Jahr rund 120 Verpackungsanlagen.

Unternehmen an der Entwicklung automatischer Werkzeugwechsel, so dass sich die Maschinen in Zukunft vollautomatisch auf die jeweils benötigten Produktionsanforderungen umstellen können. Weiterhin steht die Schaffung von bezahlbarer redundanter Technik bei Verpackungsmaschinen auf der Agenda, um Produktionsstillstände zu vermeiden. Die Maschinen des inhabergeführten Familienunternehmens sind in 54 Län-

BERÜHMTE ERFINDER: GERHARD SCHUBERT

Als Gerhard Schubert sein Unternehmen 1966 gründete, baute er in Crailsheim mit drei Beschäftigten zunächst im Kundenauftrag kleine Aggregate, Transportbänder und Maschinen. Jedoch schon im Jahr nach der Gründung entwickelte der junge Konstrukteur eine Maschine zum Aufrichten und Verkleben von Kartons, die sogenannte SKA. Mit dieser Maschine, die später ein Patent erhielt, wurde der Grundstein für den Erfolg der Firma gelegt. Die Mitarbeiterzahl stieg und der 1968 fertiggestellte Neubau musste schon bald erweitert werden. In den 1970er-Jahren erkannte Gerhard Schubert das Potenzial von Toploading-Maschinen, obwohl Experten an deren Zukunftsfähigkeit zweifelten. Für Gerhard Schubert lag der Schlüssel zum Erfolg in standardisierten Maschinen, in deren Entwicklung er Jahrzehnte an Entwicklungsarbeit investierte. Den Erfindergeist hat Gerhard Schubert auch auf die nachfolgende Generation übertragen. So entwickelte Gerhard Schubert gemeinsam mit seinem Sohn Ralf den ersten Transportroboter der Welt, für den ein Patent mit einer Laufzeit von 2008 bis 2028 besteht. Ralf Schubert war es auch, der für die Erfindung des Gegenlaufs bei Pickerlinien ein Patent erhielt. Für die Zukunft erwartet Gerhard Schubert eine Zunahme der Automatisierung. So sollen die Maschinen den Werkzeugwechsel automatisch vornehmen können und sich eines Tages sogar selbst reparieren. Dadurch können für die Kunden teure Standzeiten vermieden werden. Entwicklungen, auf die der geschäftsführende Gesellschafter weiterhin Einfluss nehmen wird. Denn auch wenn die Söhne Ralf und Gerald schon lange Teil der Führungsmannschaft sind: Ganz möchte sich der inzwischen über 70-Jährige, dessen große Leidenschaft die Fliegerei ist, nicht aus der Firma zurückziehen.

SCHUBERT

Die Toploading-Maschinen von Schubert beruhen auf einem Baukastensystem, dessen Grundkomponenten in Serie gebaut werden.

Mit den TLM-Verpackungsmaschinen können stückige Verbrauchsgüter aller Art verpackt werden, etwa Spritzen (oben), Kaffeekapseln (Mitte) oder Brotscheiben (unten).

dern der Welt im Einsatz. Die Exportquote beträgt 70 bis 75 %, der Vertrieb erfolgt über Niederlassungen und Vertretungen sowie vom Stammsitz in Crailsheim aus. Dort bauen 600 Mitarbeiter auf dem 50.000 qm großen Firmengelände pro Jahr rund 120 Verpackungsanlagen in einem Gesamtwert von 115 Mio. Euro. Weltweit hat die Schubert-Gruppe 850 Beschäftigte. Zu der Firmengruppe gehören neben der Gerhard Schubert GmbH acht weitere Unternehmen,

Die F44-Pickerlinie mit patentiertem Gegenlaufprinzip ist in ihrem Bereich Weltmarktführer.

darunter die als Generalunternehmer für schlüsselfertige Verpackungsanlagen agierende IPS International Packaging Systems GmbH. Für den Vertrieb und Service unterhält die Gruppe Niederlassungen in Birmingham/Großbritannien, Dallas/USA und Toronto/Kanada. Gerhard Schubert gründete das Unternehmen 1966 in Crailsheim und begann mit der auftragsgebundenen Konstruktion kleiner Aggregate, Transportbänder und Maschinen. Ein Jahr nach der Gründung entwickelte Gerhard Schubert eine vollautomatische Maschine zum Aufrichten und Verkleben von Kartonzuschnitten unter Verwendung von Schmelzklebern. Die Erfindung dieser später patentierten Hochleistungsmaschine, genannt SKA, legte den Grundstein für den Erfolg der Firma. Nach der Fertigstellung des ersten Firmenneubaus 1968 ergänzten Befüll- und Verschließmaschinen das Portfolio. Aus der Idee, individuelle Verpackungsanlagen in Serie zu bauen, wurde ab 1970 das SSB-Baukastensystem entwickelt. Dieses gut funktionierende System gab für das Unternehmen den Ausschlag, sich als reiner Sondermaschinenhersteller zu positionieren. Im Jahr 1982 unternahm

SCHON GEWUSST?

■ Als Gerhard Schubert im Jahr 1970 erstmals die in Hamburg angesiedelte Herstellerfirma von After Eight besuchte, wurden die Schokoladetäfelchen noch aufwendig von Hand verpackt. Das Unternehmen hatte über viele Jahre versucht, den Verpackungsprozess zu automatisieren, viel Geld investiert - und schließlich aufgegeben. Gerhard Schubert ließ sich davon jedoch nicht beirren und lieferte 1972 eine Maschine, die von Anfang an ihren Dienst zur vollsten Zufriedenheit tat. Der Unglaube des Herstellers über die Lösung des Problems dauerte dennoch zwei Jahre an, ehe er den Bau weiterer vier Maschinen in Auftrag gab. Sie sind noch heute, nach 38 Jahren, in Funktion und haben Ersparnisse in Höhe von 270 Mio. Euro eingebracht.

SCHUBERT

Schubert Gruppe

Gerhard Schubert GmbH	
Crailsheim	Gegründet: 1966	610 Mitarbeiter	
IPS – International Packaging Systems GmbH	MSC Tuttlingen GmbH
Crailsheim	Gegründet: 1972	50 Mitarbeiter	Tuttlingen	Gegründet: 2001	106 Mitarbeiter
Schubert u. Edelmann GmbH	Schubert UK Ltd.
Bartholomä	Gegründet: 1976	60 Mitarbeiter	Birmingham, GB	Gegründet: 2002	12 Mitarbeiter
Hägele Catering GmbH	Schubert Verpackungsservice GmbH
Crailsheim	Gegründet: 1993	17 Mitarbeiter	Crailsheim	Gegründet: 2008
Schubert Packaging Systems LLC	Schubert Packaging Automation
Dallas, USA	Gegründet: 1998	13 Mitarbeiter	Toronto, CA	Gegründet: 2008	3 Mitarbeiter

Schubert unter Verwendung der CNC-Steuerungstechnik einen ersten Schritt in Richtung Verpackungsroboter. Nur drei Jahre später brachte das Unternehmen den ersten Verpackungsroboter der Welt auf den Markt. Die Fokussierung auf computergesteuerte Anlagen resultierte 1997 im Schubert Maschinen Baukasten (SMB), der nächsten Generation von Verpackungsmaschinen. Aus dieser Serie heraus entstand das heutige System der flexibel zusammenstellbaren Toploading-Maschinen TLM. 2006 wurde in Crailsheim der Bau eines neuen Verwaltungsgebäudes abgeschlossen. Zwei Jahre später folgte eine Erweiterung des Werks II, das nun eine Fläche von 12.000 qm umfasst.

EINFACH ERKLÄRT: TOPLOADING-VERPACKUNGSMASCHINEN

Mit Toploading wird ein Verfahren bezeichnet, bei dem stückige Produkte – wie Flaschen, Schokoriegel oder Schminksets – von oben in einen Verpackungsbehälter eingebracht werden. Diese Behälter – meist Kartonschachteln – werden vor dem Befüllen automatisch zusammengebaut, also vom flachen Zuschnitt aufgerichtet und an den Klebelaschen verklebt. Nach dem Befüllen werden die Kartons ebenso automatisch verschlossen, entweder mittels eines anhängenden Deckels oder mit einem separaten Deckelteil. Die Toploading-Maschinen von Schubert beruhen auf einem Baukastensystem, dessen Grundkomponenten in Serie gebaut werden können, und die in Kombination miteinander größere Maschinenkomplexe bilden. Dadurch ergibt sich eine sehr hohe Flexibilität. Die TLM-Reihe ist dabei die neueste Generation dieses Maschinenbaukastens, den das Unternehmen seit den 1970er-Jahren stetig weiterentwickelt. Er besteht aus sieben Systemkomponenten, die jeweils bestimmte Teilgebiete des Verpackungsprozesses abdecken. So ist das TLM-F2-Roboteraggregat in der Lage, Schachteln aufzurichten, zu befüllen und zu verschließen. Der TLM-F3-Roboter besitzt einen Greifarm, der sich an jeden Neigungswinkel eines Magazins anpassen kann, um Packmaterial zu entnehmen. Das TLM-F44-Roboteraggregat, auch Picker genannt, arbeitet gemeinsam mit einem Visionsystem, das mithilfe verschiedener Scan- und Mustererkennungsverfahren ca. 4.000 Produkte pro Minute bearbeiten kann. Neben der Gruppierkette und dem Transmodul umfasst das System weiterhin eine Komponente für die Bedienerführung, die aus einem 15-Zoll-Touchscreen besteht. Als siebte Komponente fungieren die Maschinengestelle, in denen die Roboteraggregate untergebracht werden.

Am Stammsitz von Schubert in Crailsheim bauen 600 Mitarbeiter pro Jahr rund 120 Verpackungsanlagen.

SCHUBERT

MEILENSTEINE

1966 Gerhard Schubert gründet das Unternehmen in Crailsheim und baut mit drei Beschäftigten zunächst kleine Aggregate, Transportbänder und Maschinen.

1967 Gerhard Schubert entwickelt eine später patentierte Schachtel-Aufrichte- und -Klebemaschine, die sogenannte SKA.

1972 Die erste Schubert-Baukastenmaschine zum Befüllen und Verschließen von Schachteln kommt auf den Markt.

1985 Nach dem Einstieg in die CNC-Technik erscheint mit dem SNC-F2 der erste Verpackungsroboter der Welt.

1994 Die Verpackungsmaschinensteuerung VMS wird eingeführt.

1995 Vorstellung der ersten F44-Pickerlinie mit patentiertem Gegenlaufprinzip, die inzwischen Weltmarktführer ist

1996 Neue Maschinengeneration SMB, die erste Verpackungsmaschine mit VMS-Steuerung

1997 Mit dem Schubert Maschinen Baukasten (SMB) folgt die nächste Generation der modularen Verpackungsmaschinen.

2002 TLM, die erste am Fließband gebaute Toploading-Verpackungsmaschine der Welt, kommt auf den Markt.

2005 Die neu entwickelte Thermoform-, Füll- und Verschließmaschine TLM-T800 wird vorgestellt.

2008 Erweiterung des Werks II auf 12.000 qm Fläche

DATEN UND FAKTEN

Branche: Verpackungsmaschinenbau

Produkte: Toploading-Verpackungsmaschinen

Marktposition: Mit einem Marktanteil von 30 % Weltmarktführer im Segment Toploading-Verpackungsmaschinen

Mitarbeiter: ca. 850 (weltweit, 2010)

Standorte: Hauptsitz Crailsheim, Tochtergesellschaften in Bartholomä und Tuttlingen, Vertriebsniederlassungen in Großbritannien, den USA und Kanada

Vertrieb: weltweit über Niederlassungen, Vertretungen sowie zentral von Crailsheim aus

Exportquote: 70-75 %

Innovationen: Schachtel-Aufrichte- und -Klebemaschine SKA (1967), erste Baukastenmaschine (1972), erster Verpackungsroboter der Welt (1985), TLM, die erste am Fließband gebaute Toploading-Verpackungsmaschine der Welt (2002)

Gründer: Gerhard Schubert, 1966, Crailsheim

KONTAKT

Gerhard Schubert GmbH
Hofäckerstr. 7
74564 Crailsheim
📞 (0 79 51) 4 00-0
📠 (0 79 51) 85 88
✉ info@gerhard-schubert.de
🖳 www.gerhard-schubert.de

Ansprechpartner Presse:
Bärbel Beyhl
📞 (0 79 51) 4 00-0
✉ b.beyhl@gerhard-schubert.de

1970 wurde das SSB-Baukastensystem entwickelt (oben), die erste Pralinenpackstraße stammt aus dem Jahr 1984 (Mitte), 1985 brachte Schubert den ersten Verpackungsroboter auf den Markt (unten).

Unternehmen aus den Bereichen Nahrungsmittel, Pharma, Kosmetik, Getränke und Süßwaren gehören zu den Kunden von Schubert.

SHURE EUROPE

Fortsetzung von S. 77

MEILENSTEINE

1945 Friedrich Schunk gründet das Unternehmen in Lauffen am Neckar.

1966 Aufbau des Produktbereichs Spannbacken für Drehfutter

1978 Aufbau des Produktbereichs Hydro-Dehnspanntechnik

1982 Aufbau des Produktbereichs Automation

1988 Aufbau des Produktbereichs Stationäre Spannsysteme

1992 Gründung der SCHUNK Intec USA

1994 Start des Produktbereichs Drehfutter

2001 Start des Automationsstandorts Brackenheim-Hausen

2008 Preis Deutscher Maschinenbau für Heinz-Dieter Schunk

Hochwertige Funksysteme stehen für die innovative Ausrichtung von Shure.

SHURE EUROPE

Shure ist eine führende Marke auf dem Gebiet der Mikrofontechnik und professionellen Audiotechnik. Die Produktpalette umfasst Mikrofone, Funksysteme, In Ear Monitoring-Systeme sowie Kopf- und Ohrhörer. Die Betreuung vor Ort, Unterstützung bei Planung und Inbetriebnahme sowie Schulungsmaßnahmen ergänzen das Spektrum. Shure Produkte kommen vor allem auf großen Konzertbühnen, im Studio und Proberaum sowie bei Großereignissen, Installationen und Konferenzen zum Einsatz. Zu den Abnehmern zählen Musikfachhändler, Verleihfirmen im Show-, Konzert- und Eventbereich, technische Verantwortliche von Theaterbühnen, Radio- und Fernsehanstalten, professionelle DJs, Hi-Fi-Kunden sowie Planer und Integratoren. Die Firmengeschichte von Shure ist von einer Vielzahl an Innovationen und Produktentwicklungen geprägt. Dazu zählen das Mikrofon 55 Unidyne, das erste gerichtete Mikrofon und besonders das Mikrofon SM58. Seine Kombination aus Robustheit, Zuverlässigkeit und herausragender Klangqualität machte das SM58 zum Standard-Gesangsmikrofon aller Musikgenres. Es gilt als das bekannteste und meistverkaufte Mikrofon der Welt. Heute stehen vor allem hochwertige Funksysteme für die innovative Ausrichtung der Firma. Shure Funksysteme bieten eine große Auswahl für verschiedenste Anwendungen, vom Einsteiger-Funkset für kleine Veranstaltungsorte bis zum Touring-System für große Bühnen. Erhältlich sind Wireless-Versionen der Gesangsmikrofone, Headsets, Lavaliermikrofone oder Instrumentensysteme. So waren bei den Domstufen-Festspielen in Erfurt wiederholt zahlreiche Kanäle des Shure Hochleistungs-Funksystems UHF-R im Einsatz und sorgten für eine hervorragende Akustik. Auch die Technik der 2008 eröffnete Dubai Mall, die sich über eine Fläche von rund 1 Mio. qm erstreckt, arbeitet mit Drahtlossystemen von Shure. Ab 2011 werden Shure UHF-R Funksysteme und Mikrofone zudem im neuen Quatar National Convention Center, dem größten Konfe-

Gesangsmikrofon Super 55-BCR Deluxe (oben); Anzeigenmotiv aus den 1950er-Jahren (unten).

Das SM58 gilt als das bekannteste und meistverkaufte Mikrofon der Welt.

SHURE EUROPE

GEGEN PRODUKTFÄLSCHUNGEN: INITIATIVE VON SHURE

Das Unternehmen arbeitet aktiv daran, die Marke Shure zu schützen und minderwertige Produkte vom Markt fernzuhalten. So gibt ein eigener Bereich der Firmenwebsite Tipps, wie Kunden den Kauf von gefälschter Ware vermeiden können. Denn die Tatsache, dass auch Produkte der Audioindustrie wie Mikrofone und Drahtlos-Systeme von Produktpiraterie betroffen sind, ist vielen Musikern noch nicht bekannt. Im Internet informiert Shure, was Produktfälschungen kennzeichnet, wie zwischen Original und Fälschung unterschieden werden kann, wie man in Internet-Auktionen angebotene Fälschungen erkennt und was Shure gegen Hersteller und Händler von Produktfälschungen unternimmt. In regelmäßigen Abständen geht Shure gegen Hersteller von gefälschten Produkten vor, lässt Fabriken schließen oder Ware beschlagnahmen. In der Vergangenheit geschah dies auch in Kooperation mit anderen betroffenen Mikrofon-Herstellern. Seinen Kunden empfiehlt Shure, nur bei Fachhändlern zu kaufen, und bietet im Internet auch eine Liste der autorisierten Händler.

Technik von Shure ist weltweit bei vielen Events im Einsatz, u. a. bei den Domstufen-Festspielen im Jahr 2006 in Erfurt (unten).

renzzentrum des Nahen Ostens, für eine hochwertige Audioreproduktion sorgen. Gegründet wurde das Unternehmen 1925 von Sidney N. Shure. Nach seinem Tod im Jahr 1993 übernahm seine Frau Rose L. Shure die Leitung des Unternehmens, das 2003 den jetzigen Hauptsitz in Niles, Illinois, bezog. 2005 wurden zwei Standorte in China eröffnet. Mit der Akquisition der Crowley and Tripp Bändchenmikrofone erweitert Shure sein Portfolio um die renommierte Roswellite Technolgie – ein Synonym für Robustheit, auch unter härtesten Bedingungen. Ab dem Frühjahr 2011 wird der Stammsitz der Shure Europe GmbH, die die Regionen Europa, Mittlerer Osten und Afrika betreut, von Heilbronn nach Eppingen verlagert.

DATEN UND FAKTEN

Branche: Professionelle Audiotechnik

Produkte: Mikrofone, Funksysteme, In-Ear-Monitoring-Systeme, Kopfhörer, Ohrhörer

Marktposition: eine führende Marke auf dem Gebiet der Mikrofontechnik und professionellen Audiotechnik

Vertrieb: Shure EMEA: Distribution Center in 55 Ländern, Niederlassungen in Deutschland, den Niederlanden, Großbritannien

Gründer: Sidney N. Shure, 1925, Chicago

Auszeichnungen: Technical GRAMMY (National Academy of Recording Arts and Sciences, 2003); Per Haugen Lifetime Achievement Award für Rose L. Shure (National Systems Contractors Association, 2010)

SCHON GEWUSST?

▪ 1968 erzählte E.S. Lebeog aus Springfield, Illinois, davon, wie sein Shure Mikrofon während des Fluges aus seinem offenen Kleinflugzeug geschleudert wurde: „Ich sprach gerade mit dem Tower, als eine Windbö das Mikrofon erfasste und den Stecker aus dem Radio zog. Das Mikrofon stürzte 250 Meter tief und prallte auf einer asphaltierten Straße auf. Sie können sich vorstellen wie erstaunt ich war, als ich es nach der Landung gefunden und festgestellt habe, dass es noch funktionierte!"

▪ Während des Rennens um den America's Cup 1974 vor der Küste von Newport, Rhode Island, hatte eines der Boote ein Shure 404C-Mikrofon an Bord, als der Zufuhrschlauch der Motor-Wasserkühlung brach. Beim Öffnen der Motorabdeckung wurde das Mikrofon durch das Salzwasser völlig durchnässt. Zur großen Überraschung der Besatzung funktionierte es aber weiterhin tadellos.

KONTAKT

Shure Europe GmbH
Wannenäckerstr. 28
74078 Heilbronn

STAHL

Die SYNCING.NET Technologies GmbH ist der führende Anbieter von Software-Lösungen für serverlosen Datenaustausch und Kollaboration.

Die dt. Zentrale (Mitte) von Systemair befindet sich in Boxberg-Windischbuch, gegründet wurde das Unternehmen von CEO Gerald Engström.

📞 (0 71 31) 72 14-0
📠 (0 71 31) 72 14-14
✉ info@shure.de
🖥 www.shure.de

Ansprechpartner Presse:
Vanessa Genesius
📞 (0 71 31) 72 14-15
✉ Genesius_Vanessa@shure.de

STAHL
→ R. Stahl

SYNCING.NET TECHNOLOGIES

Die SYNCING.NET Technologies GmbH ist der führende Anbieter von Software-Lösungen für serverlosen Datenaustausch und Kollaboration. Als Spezialist für sichere Dokument- und Outlook-Synchronisation über das Internet entwickelt SYNCING.NET leicht bedienbare Systeme zum automatischen Abgleich von z. B. Outlook-Kalendern, -Kontakten, -E-Mails oder Windows-Ordnern zwischen PCs von Mitarbeitern, Außendienstlern, Homeoffices, externen Partnern oder Kunden. SYNCING.NET 3.x mit integrierter Dokument- und Outlook-Synchronisation bietet eine sichere Infrastruktur für Unternehmens-Anwendungen. Ergänzt durch SYNCING.NET Outlook Backup erhalten Unternehmen, Selbstständige, Freiberufler und Teams weltweit Lösungen zur sicheren Verwaltung ihrer Daten. Das Portfolio ist in Deutsch, Englisch, Französisch, Spanisch und Portugiesisch erhältlich und wird durch Services wie kostenlosen Support und Wartungsupdates, Remote-Installationsservice sowie Beratung zum Einsatzszenario im Unternehmen abgerundet. Der Direktvertrieb findet ausschließlich über die eigene Website statt. So umfasst das SYNCING.NET Partner-Programm zzt. mehr als 600 Wiederverkäufer, die das Produkt erwerben und dann weitervertreiben. Das Unternehmen, das im Jahr 2006 als Spin-off der Technischen Universität Berlin gegründet wurde, hat seit Mai 2008 seinen Hauptsitz in Heilbronn und beschäftigt mittlerweile rd. 20 Mitarbeiter. Mit einer Umsatzsteigerung um das Zweieinhalbfache (2009) weist SYNCING.NET eine Exportquote von rd. 50 % auf. Als größte Gesellschafter fungieren der Zukunftsfonds Heilbronn und der Hightech Gründerfonds in Bonn. Joachim Voegele ist CEO und Technischer Leiter der SYNCING.NET Technologies GmbH.

KONTAKT

SYNCING.NET Technologies GmbH
Weipertstraße 8-10
74076 Heilbronn
📞 (0 71 31) 76 69-6 80
📠 (0 71 31) 76 69-6 89
✉ info@syncing.net
🖥 www.syncing.net

SYSTEMAIR

Die Systemair GmbH hat sich in der Branche der Lüftungstechnik einen Namen gemacht. Im Segment der Ventilatoren und Lüftungsgeräte nimmt das Unternehmen die Rolle des Weltmarktführers ein, mit den Türluftschleiern, die unter der Marke Frico vertrieben werden, hat Systemair in Europa die führende Position inne. Darüber hinaus befinden sich Luftauslässe und Heizungsprodukte im Angebot. Damit verfügt Systemair am Markt über die breiteste Produktpalette für den Lüftungsanlagenbau. Neben der Entwicklung und Herstellung liegt der Fokus von Systemair auf einer intensiven Kundenbetreuung

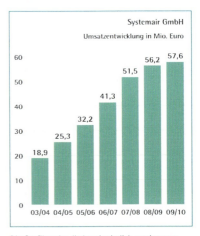

Die Grafik weist die kontinuierlich gestiegenen Umsätze des Unternehmens aus.

vor Ort. Im Bereich der kontrollierten Wohnraumlüftung steht die Planung kompletter Lüftungsanlagen im Vordergrund. Abnehmer der Systemair-Produkte finden sich unter Installateuren, Lüftungsanlagenbauern und Wohnbauunternehmen, aber auch Planungsbüros stellen eine wichtige Zielgruppe dar. Nach der Erfindung des Rohrventilators als entscheidende Innovation im Jahr 1974 liegt der technologische Schwerpunkt heute vor allem auf der Optimierung der Energieeffizienz. Des Weiteren wird auf einfache

SYSTEMAIR

Systemair-Ventilatoren im Einsatz: Dachventilatoren am JosefCarree hoch über den Dächern Bochums.

Installation und Bedienbarkeit hingearbeitet, aber auch komplexe Anwendungen wie Entrauchungsventilatoren und Garagen- und Tunnelventilatoren gewinnen zunehmend an Bedeutung. Zuverlässigkeit und Komfort, den die Systemair-Lösungen ihren Kunden bieten sollen, sind damit zentrale Gesichtspunkte der Produkt- und Serviceentwicklung des Unternehmens. Diese Ausrichtung findet auch in den F&E-Aktivitäten der in Boxberg-Windischbuch ansässigen Firma ihren Niederschlag. Diese fokussieren sich u. a. auf Energiesparventilatoren, den Ausbau des Bereichs Kompaktlüftungsgeräte sowie auf extrem leise Ventilatoren für geräuschsensitive Anwendungen. Rund um den Globus ist Systemair an einer Vielzahl von Prestige-Projekten beteiligt. Dazu zählen u. a. die Dubai Mall in den Vereinigten Arabischen Emiraten, das Fußballstadion in Durban, Südafrika, oder der Indira Gandhi Flughafen in Delhi, Indien. Referenzen in Deutschland stellen z. B. die Messehalle 11 in Frankfurt a. M. und die Rhein-Neckar-Arena der TSG 1899 Hoffenheim in Sinsheim dar. Systemair wurde im Jahr 1974 von Gerald Engström im schwedischen Skinnskatteberg gegründet. Der Gründer ist zusammen mit Kurt Maurer Geschäftsführer der Systemair GmbH in Deutschland, die eine 100%ige Tochter der Systemair AB, Schweden, ist. In Deutschland sind 200 Mitarbeiter beschäftigt, weltweit sind es 2.200, die in 39 Ländern ihrer Arbeit nachgehen. Die GmbH erwirtschaftete 2009 einen Umsatz von 57,6 Mio. Euro, während die Gruppe auf 335 Mio. Euro verweisen kann. Der Vertrieb der Produkte findet hierzulande über neun Vertriebsbüros statt, global sind dafür über 60 Niederlassungen verantwortlich.

EINFACH ERKLÄRT: ROHRVENTILATOR

Vereinfachen lautete das Hauptziel von Gerald Engström, als er 1974 mit der Einführung des Rohrventilators in den Markt eintrat. Er setzte diese Absicht um, indem er die Installation des Lüftungssystems in der Tat erheblich vereinfachte und so den Lüftungsbauern eine enorme Erleichterung verschaffte. Bei den bis dato eingesetzten Ventilatoren musste nämlich jedes Mal ein Bogenstück eingesetzt werden, um die Luft weiterzubefördern. Plötzlich gab es aber eine Lösung, die wesentlich simpler, platzsparender und funktionaler war. Der sog. direkte Weg war nicht nur der Initialfunke für die Gründung des Unternehmens, sondern wurde sehr bald auch zum Konzept für die Arbeit der Unternehmensgruppe. Heute stellt er den zentralen Wert der Systemair-Unternehmenskultur dar. Deren wesentlicher Aspekt besteht kurz gesagt darin, die Arbeit der Installateure und Planer zu vereinfachen.

Das Label „Green Ventilation" (oben) kennzeichnet die Energieeffizienz der Produkte, „Topvex" ist ein von Systemair entwickeltes Kompaktlüftungsgerät (Mitte) und Ventilatoren (unten) werden u. a. für Tunnel produziert.

VACUUBRAND

DATEN UND FAKTEN

Branche: Lüftungstechnik

Produkte: Ventilatoren, Lüftungsgeräte, Luftauslässe, Luftschleieranlagen, Heizungsprodukte

Marktposition: Weltmarktführer bei Ventilatoren und Lüftungsgeräten

Exportquote: 60 %

Vertrieb: in Deutschland 9 Vertriebsbüros, weltweit 60 Niederlassungen

Gesamtumsatz: 335 Mio. Euro (Gruppe weltweit, 2009)

Mitarbeiter: 2.200 weltweit (2009)

Geschäftsführer: Kurt Maurer, Gerald Engström

Gründer: Gerald Engström, 1974, Skinnskatteberg

SCHON GEWUSST?

▌Durch immer dichtere Gebäude wird der Einbau von Lüftungssystemen künftig immer wichtiger, um ein gesundes Arbeits- und Lebensumfeld zu erhalten. Ein gutes Raumklima ist Grundvoraussetzung dafür, dass Menschen sich wohlfühlen und leistungsfähig sind. Dies wurde in Studien vielfach nachgewiesen und rückt immer stärker in das Bewusstsein der Öffentlichkeit. Gleichzeitig müssen auch die Ventilatoren und Lüftungsgeräte möglichst energieeffizient arbeiten, um für die Energieanforderungen der Zukunft gerüstet zu sein.

KONTAKT

Systemair GmbH
Seehöfer Str. 45
97944 Boxberg-Windischbuch
📞 (0 79 30) 92 72-0
📠 (0 79 30) 92 72-92
✉ info@systemair.de
🖥 www.systemair.de

Ansprechpartner Presse:
Yvonne Deutsch
📞 (0 79 30) 92 72-4 07
✉ y.deutsch@systemair.de

VACUUBRAND

Mit 160 Mitarbeitern fertigt VACUUBRAND die weltweit umfassendste Produktfamilie zur Vakuumerzeugung, -messung und -regelung für den Grob- und Feinvakuumbereich im Labor. Die Produktpalette umfasst Drehschieberpumpen, ölfreie Membranpumpen, komplette Vakuumpumpstände, flexible Vakuumsysteme und lokale Netzwerklösungen. Eingesetzt werden die Geräte vor allem im chemischen und pharmazeutischen Labor aber auch in physikalischen Forschungs- und Lehreinrichtungen. Die äußerst robusten und langlebigen Produkte kommen sowohl bei Rotationsverdampfern, Vakuumkonzentratoren und der Gefriertrocknung zum Einsatz, als auch bei der Filtration in Mikrobiologie und Zellkulturchemie. Die von VACUUBRAND entwickelte Netzwerklösung VACUU·LAN® versorgt mehrere unterschiedliche Anwendungen über eine einzige Vakuumpumpe. Spezial- und Sonderanforderungen für den OEM-Bereich werden ebenso in Wertheim entwickelt und gefertigt. Geschäftsführer sind Dr. Frank Gitmans, Dr. Rudolf Lachenmann und Dr. Christoph Schöler. Die Anfänge des Unternehmens gehen bis ins Jahr 1961 zurück, als die Firma Rudolf Brand die neue Abteilung Vakuumtechnik gründete. 1985 wurde die VACUUBRAND GMBH + CO KG als eigenständige Firma aus der BRAND GMBH + CO KG ausgegliedert.

KONTAKT

VACUUBRAND GMBH + CO KG
Alfred-Zippe-Str. 4
97877 Wertheim
📞 (0 93 42) 8 08-0
📠 (0 93 42) 8 08-4 50
✉ info@vacuubrand.de
🖥 www.vacuubrand.de

VEIGEL

Die Veigel GmbH + Co. KG ist Weltmarktführer bei Doppelbedienungen für Fahrschulautos sowie bei Handbedienungen für körperlich eingeschränkte Autofahrer. Veigel Automotive entwickelt und produziert Doppelbedienungen sowohl für den Pkw- als auch für den Lkw- und Omnibus-Bereich. Rund 700 verschiedene Fahrzeugtypen in- und ausländischer Fabrikate werden mit den Systemen ausgerüstet. Der Einbau der Veigel-Doppelbedienungen ist ohne große technische Veränderungen am Fahrzeug möglich. Zudem können die Zusatzpedale mit wenigen Handgriffen wieder entfernt werden. Bei der Entwicklung neuer Produkte gewinnen elektronische Lösungen an Bedeutung. Sein Know-how in diesem Bereich hat Veigel in der Abteilung Veigeltronic gebündelt. Wil-

Veigel ist Weltmarktführer bei Doppelbedienungen für Fahrschulautos sowie bei Handbedienungen für körperlich eingeschränkte Autofahrer.

helm Veigel gründete das Unternehmen 1920 als Kfz-Reparaturwerkstatt. 1925 entwickelte der Gründer, der auch als Fahrlehrer arbeitete, für den Eigenbedarf eine Doppelbedienung für Fahrschulwagen. Ein entscheidender Schritt für das Unternehmen war 1957 die gesetzliche Festlegung in der Bundesrepublik Deutschland, dass alle Fahrzeuge mit Doppelbedienungen ausgerüstet werden müssen. 1995 übernahm Hinrich H. Swyter das Unternehmen. Unter seiner Leistung wurde im Jahr 2000 die Firma Bruhn übernommen und der Geschäftsbereich Rehamotive ausgebaut. 2010 übernahm Veigel in diesem Bereich die US-amerikanische Firma MPD und wurde damit auch zum Marktführer in Amerika. Veigel beschäftigt 55 Mitarbeiter am Stammsitz in Künzelsau und 8 weitere in den USA. Der jährliche Umsatz beläuft sich auf rund 9 Mio. Euro, davon entfallen knapp 50 % auf das Auslandsgeschäft. Rund 40 % des Umsatzes werden durch die Zusammenarbeit mit den meisten namhaften Automobilherstellern in Europa generiert. In Deutschland kooperiert Veigel mit mehr als 40 Einbauwerkstätten, der internat. Vertrieb erfolgt über 32 Distributionspartner.

KONTAKT

Veigel GmbH + Co. KG
Lindenstr. 9-11
74653 Künzelsau
(0 79 40) 91 30-0
(0 79 40) 91 30-60
info@veigel-automotive.de
www.veigel-automotive.de

VOLLERT

Die Vollert Anlagenbau GmbH ist ein weltweit führender Experte für Maschinen und Anlagen in der Baustoffindustrie. Ein weiteres großes Fachgebiet des Unternehmens sind Intralogistiksysteme für Metalle und schwere Lasten sowie Rangiersysteme wie z. B. der Rangier-Robot. Im Bereich Baustoffmaschinen gehört Vollert zu den weltweiten TOP-3-Anbietern für Umlaufanlagen zur Herstellung von Betonfertigteilen. Auch in der Nische Sonderlösungen für den innerbetrieblichen Materialfluss ab 2 t aufwärts ist der Anlagenbauer führend. Mit fast 40 % Marktanteil gehört Vollert zudem weltweit zu den beiden großen Anbietern, die den Markt für stationäre Rangiersysteme und selbstfahrende Rangiermaschinen abdecken. Dies ist zwar das kleinste, aber auch das älteste Vollert-Geschäftsfeld, das bis in die

Neben Maschinen und Anlagen für die Baustoffindustrie fertigt Vollert u. a. auch Intralogistiksysteme für Metalle und schwere Lasten.

1950er-Jahre zurückreicht und heute noch aktiv betrieben wird. Gegründet wurde das Unternehmen 1925 in Weinsberg durch Hermann Vollert. Zu seinen ersten Geschäftsaktivitäten zählten die Durchführung von Schlosserarbeiten, Fahrradreparaturen, der Bau von Brunnen und Pumpen sowie Seilbahnen für Weinberge. Nach dem Tod des Gründers im Jahr 1947 führte seine Ehefrau Mina Vollert mit den Söhnen Herbert und Robert die Geschäfte weiter. Seit 1999 ist das Familienunternehmen in dritter Generation im Besitz der Geschwister Hans-Jörg Vollert (75 % der Anteile) und Birgit Hampo (25 %). Am Stammsitz in Weinsberg beschäftigt Vollert 200 Mitarbeiter, darunter rd. 20 Auszubildende. Der Vertrieb erfolgt von Weinsberg aus sowie weltweit über Handelsvertreter und Partner. Zu den Abnehmern gehören mittelständische Kunden bis hin zu global aktiven Konzernen. Insgesamt steuert der Export ca. 75 % zum Jahresumsatz von 50 Mio. Euro bei. Vollert beteiligt sich aktiv an Forschungs- und Entwicklungsvorhaben im Betontechnologiebereich sowie in der Kran- und Seiltechnologie. Gesellschaftliches Engagement zeigt das Unternehmen in seiner Heimatstadt mit Spenden an Schulen, Vereine und kirchliche Organisationen.

DATEN UND FAKTEN

Branche: Maschinen- und Anlagenbau

Produkte: Maschinen und Anlagen für die Baustoffindustrie, Intralogistiksysteme für Metalle und schwere Lasten, Rangiersysteme

Vollert Anlagenbau wird in 3. Generation von Hans-Jörg Vollert geleitet. Unten: der Firmensitz in Weinsberg.

WEBER HYDRAULIK

SCHON GEWUSST?

▪ Vollert hat 2003 das größte Betonfertigteilwerk der Welt in Bangkok gebaut: Mit einer Leistung von über 3000 m² pro Tag gehört es auch heute noch zu den größten der Welt.

▪ Die leistungsstärksten Regalbediengeräte der Welt mit 550 kW Hubleistung kommen von Vollert: Bei einem schwedischen Spezialstahlhersteller versorgen die Geräte mit 32 t Nutzlast ein Hochregallager mit 500 Stellplätzen und einer Kapazität von 6.000 t Stahl.

Marktposition: Maschinen und Anlagen für die Baustoffindustrie: unter den TOP-3-Anbietern weltweit auf dem Gebiet für Umlaufanlagen zur Herstellung von Betonfertigteilen; Intralogistiksysteme für Metalle und schwere Lasten: Nischenführer für Sonderlösungen für den innerbetrieblichen Materialfluss ab 2 t aufwärts, Rangiersysteme: mit fast 40 % Marktanteil einer der beiden großen Anbieter weltweit

Umsatz: 50 Mio. Euro (2009)

Mitarbeiter: ca. 200 (2009)

Vertrieb vom Firmensitz in Weinsberg aus sowie weltweit über Handelsvertreter und Partner

Auslandsanteil ca. 75 %

Gründer Hermann Vollert, 1925, Weinsberg

Eigentümer Hans-Jörg Vollert und Birgit Hampo

KONTAKT

Vollert Anlagenbau GmbH
Stadtseestr. 12
74189 Weinsberg
(0 71 34) 52-0
(0 71 34) 52-2 03
info@vollert.de
www.vollert.de

WEBER HYDRAULIK

Die Weber Hydraulik GmbH ist im Maschinen- und Anlagenbau tätig und zählt weltweit zu den größten Herstellern von hydraulischen Rettungsgeräten. Die Weber Hydraulik-Gruppe umfasst mit der Fluidteam Automationstechnik GmbH und der Log Hydraulik GmbH zwei Spezialisten der Mobil- und Stationärhydraulik. Zum Produktportfolio gehören u. a. Zylinder, Steuerblöcke, Ventile und Aggregate. Darauf aufbauend bietet Weber Hydraulik auch die Realisierung von Systemlösungen sowie Rettungsequipment und Werkstattausstattungen an. Abnehmer der Produkte sind vor allem Feuerwehren und der Katastrophenschutz. 2008 beschäftigte die Weber Hydraulik GmbH rund 1.100 Mitarbeiter und verzeichnete einen Jahresumsatz von ca. 207 Mio. Euro. Der Auslandsanteil lag bei 31,54 %. Produktions- und Vertriebsstandorte befinden sich neben Deutschland auch in Österreich, Polen, den USA, Brasilien und China. Vertriebsniederlassungen gibt es in Italien, Großbritannien, den Niederlanden, den USA, Chile, Singapur und Südafrika. Das Unternehmen befindet sich seit seiner Gründung im Familienbesitz. Als Geschäftsführer leitet Bernhard Herzig das Unternehmen. 1939 gründete Emil Weber in Stuttgart die Fabrikation hydraulischer Hebezeuge. Ab 1950 erweiterte sich die Produktpalette um Zylinder, Pumpen und Stempelsetzgeräte für den Bergbau. 1974 begann die Produktion von hydraulischen Rettungsgeräten. Seit 1999 wurde die Internationalisierung der Geschäfte durch Gründungen von Joint Ventures und Niederlassungen sowie durch Firmenübernahmen forciert.

KONTAKT

Weber Hydraulik GmbH
Heilbronner Str. 30
74363 Güglingen
(0 71 35) 71-0
(0 71 35) 71-3 01
info@weber.de
www.weber-hydraulik.com

WEIMA

Die WEIMA Group GmbH & Co. KG hat sich als Weltmarktführer im Bereich der Zerkleinerungsmaschinen bzw. Shredder und hydraulischen Brikettierpressen etabliert. Das Maschinenbauunternehmen aus dem baden-württembergischen Ilsfeld ist mit inzwischen mehr als 20.000 ausgelieferten Systemen der größte Anbieter von Zerkleinerungslösungen im Einwellenbereich sowie von hydraulischen Brikettierpressen. Diese Systeme, die sowohl in Form von Stand-alone-Lösungen als auch als Bestandteile kompletter Anlagen zum Einsatz kommen, haben vielfältige Einsatzgebiete. Dank WEIMA werden aus Abfällen Güter, die erfolgreich einen Recyclingprozess durchlaufen. Dabei kann nur definiert zerkleinertes Material sortiert, gereinigt, transportiert und dann werkstofflich oder energe-

Der Stammsitz von WEIMA befindet sich in Ilsfeld (Baden-Württemberg), geleitet wird das Unternehmen von Martin Friz und Peter Rössler als geschäftsführenden Gesellschaftern.

EINFACH ERKLÄRT: EINWELLENZERKLEINERER UND BRIKETTIERPRESSE

Einwellenzerkleinerer: Die Materialaufgabe in den Zerkleinerer erfolgt gewöhnlich über einen Trichter. Das Material wird dabei aufgrund der Schwerkraft in den eigentlichen Zerkleinerungsraum eingebracht. Durch einen Andruckschieber wird es, lastabhängig gesteuert, gegen den sich drehenden Rotor gedrückt. Dort wird das Material zwischen den Rotormessern und feststehenden Startormessern zerkleinert. Der Austrag des Mahlgutes erfolgt dann durch Siebe, die unterhalb der Rotoren angebracht sind. Deren Sieblochdurchmesser bestimmt die Größe des erzeugten Mahlgutes.

Brikettierpresse: Die zur Brikettierung eingesetzten hydraulischen Brikettierpressen müssen, um hochfeste Briketts zu erzeugen, erhebliche Kräfte zur Verdichtung des entsprechenden Materials aufbringen. Das Material wird dabei über einen Trichter eingebracht, der gleichzeitig als Vorratsbehälter dient, und dann über Rührwerk, Schnecken und Vorverdichter dem eigentlichen Presszylinder zugeführt. Dort wird es durch Füllen des Zylindervolumens und die anschließende Verdichtung zu Briketts bestimmter Länge komprimiert und ausgetragen.

Mit der kompakten Brikettpresse (unten) lassen sich Briketts (Mitte) aus Abfällen pressen, die wiederum energetisch genutzt werden können (oben).

tisch verwertet bzw. kostensparend entsorgt werden. Dieses Material reicht von Holz und Kunststoff, Haus- und Gewerbemüll, Papier und Dokumenten bis hin zu Elektronikschrott. Die Brikettierung macht aus losen Produktionsabfällen wie Stäuben oder Spänen kompakte, hochwertige Briketts gleichbleibender Qualität. Dieser Vorgang trägt dazu bei, das Abfallvolumen um bis zu 90 % zu verringern und damit bei Lagerung und Transport signifikant Kosten zu sparen. In Brikettform gebracht, lassen sich die Reststoffe wesentlich effizienter zu wertvollen Sekundärrohstoffen umwandeln, energetisch nutzen, gewinnbringend verkaufen oder günstig entsorgen. Servicecenter in Deutschland, Frankreich, den USA, Großbritannien, Polen und Russland sorgen dabei für die optimale Betreuung der Kunden. Diese beginnen beim kleinen Schreinereibetrieb und enden bei den großen Entsorgern und im Grunde genommen jedem, der etwas zu entsorgen oder zu recyceln hat. Seit den Anfängen von WEIMA hat sich das Unternehmen durch wegweisende Innovationen hervorgetan. Dazu zählen u. a. die erste kompakte hydraulische Brikettierpresse und der erste langsam laufende Einwellenzerkleinerer Gegenwärtig liegt der Akzent der F&E-Aktivitäten auf der Entwicklung neuer Zerkleinerungsansätze sowie der Energieeffizienz sämtlicher Lösungen. Bedingt durch den wachsenden globalen Wohlstand, z. B. in den BRIC-Staaten, und das damit steigende Volumen recyclingfähigen Materials sieht WEIMA für sich gute Perspektiven in einem expliziten Wachstumsmarkt. Gegründet wurde das Unternehmen 1986 von Peter Rössler in Weinsberg, kann also 2011 sein 25-jähriges Bestehen feiern. Peter Rössler steht, gemeinsam mit Martin

In den Firmenfarben Rot und Grau gehalten, steht dieser Zerkleinerer für die Kompetenz des Unternehmens: Abfälle effizient in verwertbare Produkte zu verwandeln, in diesem Fall Brennstoff.

WEINIG

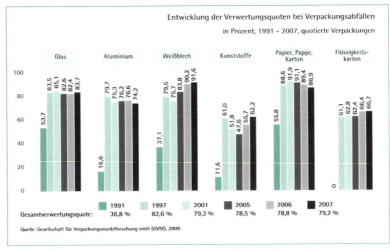

Schaut man sich die Grafik an, ist der Gedanke, dass der Begriff „Müll" in einigen Jahren aus unserem Wortschatz verschwinden könnte, gar nicht mehr so absurd.

Friz, auch heute noch an der Spitze der inhabergeführten WEIMA Group, die 2010 mit ca. 160 Mitarbeitern einen Umsatz von 30 Mio. Euro erwirtschaftete. Hauptsitz ist Ilsfeld, produziert wird aber auch in Großnaundorf (Sachsen-Anhalt). Eine Auslandsniederlassung befindet sich in Charlotte, NC, USA.

DATEN UND FAKTEN

Branche: Maschinenbau

Produkte: Zerkleinerungsmaschinen und Brikettierpressen

Marktposition: Weltmarktführer bei Zerkleinerungslösungen im Einwellenbereich sowie hydraulischen Brikettierpressen

SCHON GEWUSST?

▪ Auf WEIMA-Maschinen werden täglich Währungen vernichtet, Schmugglerware unbrauchbar gemacht, Staats- und Regierungsgeheimnisse geschreddert sowie generell sichergestellt, dass unseren Nachfahren noch genügend Ressourcen für ein lebenswertes Leben zur Verfügung stehen. Im Schnitt zerkleinern heute WEIMA-Maschinen stündlich rd. 10.000 t Material, also genug, um jede Minute zehn Lkws mit recyclingfähigen Rohstoffen zu beladen. Auf den Brikettierpressen des Unternehmens können stündlich über 2 Mio. Briketts produziert werden, ein gut 125 km hoher Turm.

Vertrieb: weltweit über Vertriebspartner in 50 Ländern

Gesamtumsatz: 30 Mio. Euro (Gruppe, 2010)

Mitarbeiter: 160 weltweit (2010)

Innovationen: erste kompakte hydraulische Brikettierpresse (Ende 1980er-Jahre), erster langsam laufender Einwellenzerkleinerer (Anfang 1990er-Jahre), erste modulare Systemlösung der Branche (2010)

Gründer: Peter Rössler, 1986, Weinsberg

KONTAKT

WEIMA Group GmbH & Co. KG
Bustadt 6-10
74360 Ilsfeld
✆ (0 70 62) 95 70-0
🖷 (0 70 62) 95 70-94 45
✉ info@weima.com
🌐 www.weima.com

Ansprechpartner Presse:
Martin Friz (GF)
✆ (0 70 62) 95 70-0
✉ martin.friz@weima.com

WEINIG

Die Michael Weinig AG entwickelt und produziert Maschinen und Anlagen für die Massivholzbearbeitung. Als einziges Unternehmen der Holzbearbeitungsbranche, das sich komplett dem Massivholz verschrieben hat, sind die Tauberbischofsheimer sowohl Welt-

Das Unternehmen mit Stammsitz in Tauberbischofsheim entwickelt und produziert Maschinen und Anlagen für die Massivholzbearbeitung.

als auch Technologieführer in diesem Segment. Die Produktpalette deckt dabei ein breites Spektrum ab, das von Hobel- und Kehlmaschinen, Fensterbearbeitungscentern, Sägen, Keilzinkanlagen, Verleimpressen und Bearbeitungswerkzeugen bis hin zu kompletten Systemlösungen reicht. Produkte und Lösungen des Unternehmens kommen insbesondere beim Auftrennen, Kappen, Optimieren, Hobeln und Profilieren sowie Automatisieren zum Einsatz und erreichen weltweit Kunden der Massivholz verarbeitenden Industrie sowie des Handwerks. Die technologischen Schwerpunkte im Rahmen von Forschung und Entwicklung liegen auf Zerspanung, Holzoptimierung und intelligenten Systemlösungen. Zahlreiche Innovationen wie das Hochgeschwindigkeits-Hobeln, das Powerlock-Werkzeugsystem oder das vollautomatische Profilier-Center Conturex prägen den Weg des Unternehmens. Die Weinig-Gruppe beschäftigt konzernweit rd. 2.000 Mitarbeiter, der konsolidierte Jahresumsatz lag im Jahr 2008 bei 340 Mio. Euro. Davon wurden 83 % außerhalb Deutschlands erwirtschaftet. Das Unternehmen mit Sitz in Tauberbischofsheim verfügt weltweit über 17 Produktions- und Vertriebsstandorte und unterhält ein Netz von Servicegesellschaften. Die Anteile der seit 2002 nicht mehr börsennotierten Weinig International AG gehören Anlegern aus Kuwait. Vorstandsvorsitzender ist seit 2010 Wolfgang Pöschl, dem

Weinig bietet ein dichtes, weltweites Servicenetz.

Aufsichtsrat steht Dr. Thomas Bach vor. Die Anfänge des Unternehmens gehen bis in das Jahr 1905 zurück: Gründer Michael Weinig produzierte und handelte zunächst mit landwirtschaftlichen Maschinen, 1947 stieg das Unternehmen dann auf die Produktion von Holzbearbeitungsmaschinen um. Neben der Gründung internat. Tochtergesellschaften, vor allem in Asien, aber auch in Australien, den USA und Europa, bestimmen Übernahmen wie 1993 die der Dimter GmbH oder 2010 der Holz-Her GmbH das Wachstum der Gruppe.

MEILENSTEINE

1905 Gründung der Firma Weinig mit Michael Weinig als Geschäftsführer

1948 Einführung der Serienfertigung als erstes Unternehmen der Branche

1970 Einführung der getakteten Fließbandmontage, weltweit eine der modernsten Fabriken für Holzbearbeitungsmaschinen

1976 Gründung von Weinig USA

1980 Gründung von Weinig S.A. Schweiz

1985 Gründung von Weinig, Asia

1988 Umwandlung in eine Aktiengesellschaft

1995 Gründung von Weinig Australien und Weinig Yantai, China

2001 Gründung von Weinig Concept für komplette Anlagenprojekte

2002 Rückzug der Weinig AG von der Börse

2009 Gründung der Weinig (Yantai) Woodworking Technology Co. Ltd., China

DATEN UND FAKTEN

Branche: Maschinenbau

Produkte: Hobel- und Kehlmaschinen, Profilier- und Fensterbearbeitungscenter, Auftrenn-, Trennband- und Kappsägen, Keilzinkanlagen, Verleimpressen, Automatisierung, Scannertechnologie, Steuerungssysteme, Bearbeitungswerkzeuge u. v. m.

Marktposition: Weltmarktführer bei Maschinen und Anlagen zur Massivholzbearbeitung

Innovationen: Profilfräsautomat (1954), Hochgeschwindigkeits-Hobeln (1978), PowerLock-Werkzeugtechnologie (2000), Zangentisch (2005), Längs- und Querbearbeitung auf einer Maschine (2008)

Vertrieb: Tochterunternehmen, Vertretungen, Niederlassungen, freie Händler

Gesamtumsatz: 340 Mio. Euro (Gruppe, 2008)

Mitarbeiter: 2.000 weltweit (Gruppe, 2008)

Gründer: Michael Weinig, 1905, Tauberbischofsheim

WIRTHWEIN

KONTAKT

Michael Weinig AG
Weinigstr. 2-4
97941 Tauberbischofsheim
(0 93 41) 8 60
(0 93 41) 70 80
info@weinig.de
www.weinig.com

Der Vorstand der Wirthwein AG (v. l. n. r.): Udo Wirthwein, Frank Wirthwein, Markus Wirthwein und Rainer Zepke (oben); der Firmensitz im baden-württembergischen Creglingen (unten).

WIRTHWEIN

Die Wirthwein AG ist weltweit führender Hersteller von Kunststoffkomponenten im Spritzgussverfahren für den Eisenbahnoberbau. Das Portfolio umfasst 10.000 verschiedene Produkte – praktisch alle Kunststoffprodukte, die für den Bahnoberbau benötigt werden, darunter Gleisbefestigungskomponenten, Kabelkanalsysteme und Isolierteile. Sie kommen beim Bau neuer Eisenbahnstrecken zum Einsatz oder werden bei der Sanierung bestehender Strecken genutzt. So liefert Wirthwein Kunststoffkomponenten beispielsweise für die 1.300 km lange Hochgeschwindigkeitsstrecke zwischen Peking und Shanghai, auf der Züge eine Geschwindigkeit von bis zu 350 km/h erreichen. Kabelkanäle dienen der Verkabelung der Trassen, sie werden aber auch in der Branche der erneuerbaren Energien eingesetzt, z. B. bei der Verkabelung von Solarfeldern oder Windparks. Hinzu kommen Produkte für die Geschäftsfelder Automotive, Elektro, Hausgeräte und Medizintechnik; sie finden Anwendung in technischen Geräten wie Waschmaschinen, Trocknern und Geschirrspülern, aber auch in Autos, Ventilatoren oder bei der Dialyse. Mit den Firmen Winkler Design, Bembé Parkett und Keller Fußbodentechnik ist die Wirthwein Gruppe zudem im Bereich Innenausbau tätig. Hier reicht das Portfolio vom Bau von Theken, Speiseausgaben und Großküchen für Unternehmen, Universitäten und die Gastronomie bis hin zum Verlegen von Parkett in Privathaushalten. Hinzu kommen Dienstleistungen wie Beratung und Planung von Projekt- und Fertigungsabläufen. Wirthwein verfügt über Standorte in Deutschland, den USA, China, Polen und Spanien und beschäftigt weltweit

Standorte der Wirthwein-Gruppe

1.700 Mitarbeiter, 1.250 davon in Deutschland. 2010 plant die Gruppe einen Umsatz von 285 Mio. Euro, etwa 45 % davon im Ausland. An den Standorten Kunshan in China und New Bern in den USA produziert

Die Wirthwein AG steht bei der Herstellung von Kunststoffkomponenten im Spritzgussverfahren für den Eisenbahnoberbau weltweit an erster Stelle und produziert auch in den Geschäftsfeldern Automotive, Elektro, Hausgeräte und Medizintechnik erfolgreich technische Kunststoffteile und -baugruppen. Im Bild ist die Qualitätsprüfung im Reinraum zu sehen.

WIRTHWEIN

Wirthwein Komponenten für den Eisenbahnoberbau im jeweiligen Land. Das Unternehmen wurde von Walter Wirthwein gegründet. Er begann 1949 mit der Produktion von achteckigen Holzpflöcken für den Bahnoberbau. 1967 stieg Wirthwein in die Kunststofffertigung ein, bald darauf kam ein eigener Werkzeugbau hinzu. Der erste Standort außerhalb Creglingens entstand 1991 in Brandenburg-Kirchmöser. Dort produzierte Wirthwein zunächst Kunststoffkomponenten für die Sanierung des maroden DDR-Schienennetzes, ab 1992 auch Kunststoffteile für eine Waschmaschinenfabrik der BSH Bosch und Siemens Hausgeräte GmbH. Dies war der Beginn einer gemeinsamen internat. Kooperation, die mittlerweile die Gründung mehrerer in- und ausländischer Niederlassungen nach sich zog, die ersten davon 1995 in Nauen bei Berlin bzw. 1998 im polnischen Lodz. Neben dem Vorstandsvorsitzenden und Sohn des Gründers Udo Wirthwein sind seit 2010 auch dessen beide Söhne Frank und Marcus Wirthwein sowie der langjährige Kaufmännische Leiter und Leiter Finanzen Rainer Zepke Teil der Geschäftsführung.

DATEN UND FAKTEN

Branche: Kunststoffspritzguss, Formenbau und Inneneinrichtung

Produkte: Kunststoffkomponenten für die Geschäftsfelder Automotive, Bahn, Elektro, Hausgeräte und Medizintechnik

Umsatz: 285 Mio. Euro (2010)

Mitarbeiter: 1.700 (weltweit)

Standorte: Deutschland, Polen, USA, China, Spanien

Vertrieb: Die Wirthwein AG ist Vertriebsgesellschaft für alle Wirthwein-Tochterunternehmen.

Auslandsanteil: 45 % (2010)

KONTAKT

Wirthwein AG
Walter-Wirthwein-Straße 2-10
97993 Creglingen
(0 79 33) 7 02-0
(0 79 33) 7 02-9 10
www.wirthwein.de

Ansprechpartnerin Marketing:
Daniela Pfeuffer
(0 79 33) 7 02-3 90
daniela.pfeuffer@wirthwein.de

Ansprechpartner Investor Relations:
Rainer Zepke
(0 79 33) 7 02-4 00
rainer.zepke@wirthwein.de

Ein Werkstattbild aus den Anfängen des Unternehmens (oben), ein Laugenbehälter aus Kunststoff für eine neue Waschmaschinengeneration (Mitte) und der erste Wirthwein-Standort außerhalb Europas; das Produktionsgebäude der US-amerikanischen Tochtergesellschaft Carolina Technical Plastics Corp. in New Bern (unten).

EINFACH ERKLÄRT: SCHIENENBEFESTIGUNG

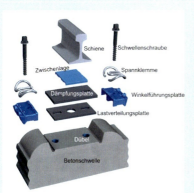

Rund 35.000 km Schienennetz gibt es in Deutschland, das bedeutet rund 70.000 km Eisenbahnschienen, verlegt auf ca. 54 Mio. Bahnschwellen. Die Schienen werden auf jeder Schwelle einzeln und individuell befestigt. Die Befestigungen hierfür müssen präzise und einfach in der Handhabung sein und Unebenheiten des Trassenverlaufs ausgleichen. Ein System für die Verlegung von Schienen auf fester Fahrbahn ist das Schienenbefestigungssystem 300 der Vossloh Fastening Systems GmbH, an dessen Entwicklung die Wirthwein AG beteiligt ist. Das System wird werkseitig auf den Schwellen vormontiert. Zwei Metallplatten zur Dämpfung und Lastverteilung werden über zwei Winkelführungsplatten aus Kunststoff mittels Spannklemmen an der Schwelle befestigt. Zwischen den beiden Winkelführungen wird auf einer hochelastischen Dämpfungsplatte aus Kunststoff die Schiene gelagert. Höhendifferenzen gleicht eine justierbare Keilplatte aus. Zur Befestigung der Schiene genügt es, die Bolzen, die die Spannklemme halten, so weit zu lösen, dass die Klemme über den Fuß der Schiene geschoben werden kann. Wirthwein liefert sämtliche Kunststoffkomponenten für das System und ist Mitinhaber des Patents.

WITTENSTEIN AG

MEILENSTEINE

1949 Die Firma Walter Wirthwein wird in Creglingen gegründet.

1967 Beginn der Kunststoffverarbeitung, 1969 werden auf modernsten Spritzgießmaschinen die ersten Werkzeuge gefertigt.

1991 Gründung der Wirthwein Brandenburg GmbH & Co. KG in Brandenburg-Kirchmöser, erster Standort außerhalb Creglingens, 13 Neugründungen und Übernahmen in den folgenden 20 Jahren.

1998 Gründung der Wirthwein Polska Sp. z.o.o. im polnischen Łódz; Umwandlung der Wirthwein Verwaltungs-GmbH in eine Aktiengesellschaft

2003 In New Bern (USA) entsteht der erste Wirthwein-Standort außerhalb Europas.

2005 Mit der Übernahme der Riegler GmbH & Co. KG wird der Einstieg in das Geschäftsfeld Medizintechnik realisiert.

2007 Gründung eines Standortes in China: Kunshan

2009 Gründung je eines Standortes im spanischen Zaragoza und in Friedberg bei Augsburg

2010 Frank und Marcus Wirthwein, die beiden Söhne von Udo Wirthwein, sowie der langjährige Kaufmännische Leiter und Leiter Finanzen Rainer Zepke werden in den Vorstand berufen.

WITTENSTEIN AG

Mechatronische Antriebssysteme konstituieren die Marktführerschaft der WITTENSTEIN AG. Der Igersheimer Maschinenbauer ist ein global agierender Komplettanbieter von Systemlösungen im Bereich elektromechanischer Servoantriebssysteme. Die Antriebs-, Steuer- und Regelsysteme aus den sieben Unternehmensbereichen der AG kommen z. B. in Robotern und Werkzeugmaschinen, in der Verpackungs-, Förder- und Verfahrenstechnik, in der Formel 1, bei Papier- und Druckmaschinen, der Medizintechnik sowie in der Bühnen- und Hubtechnikbranche zum Einsatz. Die Strategie des Unternehmens basiert auf kontinuierlicher Innovation. So liegt der Umsatzanteil an Produkten, die jünger als fünf Jahre alt sind, bei 85 %. Jeder zehnte Euro wird in Forschung und Entwicklung investiert und rund 12 % der weltweit 1.355 Mitarbeiter (März 2010) sind in diesem Bereich tätig. Mit rund 60 Tochtergesellschaften und Handelsvertretungen in 40 Ländern ist WITTENSTEIN in allen wichtigen Techno-

SCHON GEWUSST?

▌ Der FITBONE® ist weltweit der einzige voll kontrollierbare, elektronische, intramedulläre Marknagel zur Knochenverlängerung. Im implantierten Zustand kann er von außen per Computer gesteuert werden und wird eingesetzt, um Beinlängendifferenzen auszugleichen oder einseitigen Über- oder Minderwuchs zu beheben.

▌ Für den vorbildlichen Beitrag zur Personal- und Beschäftigungspolitik wurde die WITTENSTEIN AG 2008 mit dem Siegel „Arbeit Plus" der evangelischen Kirche ausgezeichnet.

logie- und Absatzmärkten präsent. Im Geschäftsjahr 2008/09 erzielte das Unternehmen 171 Mio. Euro Umsatz, die Exportquote liegt bei 60 %. Die Wurzeln der Gruppe reichen zurück ins Jahr 1949, als Walter Wittenstein und Bruno Dähn die Firma Dewitta gründeten. Mit geliehenen Gerätschaften produzierten sie eine Doppelkettenstichmaschine zur Herstellung von Handschuhen. Auf das geänderte Konsumverhalten in den 1970er-Jahren reagierten sie mit der Produktion von Schussapparaten für Stahlnägel, Maschinen zum Füllen und Verschließen von Tuben sowie zum Verpacken von Toastbrot. 1979 übernimmt der Sohn von Walter Wittenstein, Manfred Wittenstein, die Leitung des Unternehmens. Er stellt die Produktion auf Spielarme Planetengetriebe um und legt damit den Grundstein für die heutige Ausrichtung auf mechatronische Systeme. In den 1990er-Jahren folgt der Eintritt in den Markt der Servoantriebstechnik, zeitgleich beginnt die Internationalisierung mit der Gründung mehrerer ausländischer Tochtergesellschaften. Die wichtigste Übernahme der letzten Jahre ist 2008 die der attocube systems AG, die Stellmotoren für die hochpräzise Positionierung im Nanobereich entwickelt. Ein wichtiges Forschungsprojekt der jüngsten Zeit stellt das Projekt StreetScooter dar, bei dem WITTENSTEIN einen elektrischen Antriebsstrang für den Einsatz in der Elektromobilität entwickelt. Eine weitere wichtige Innovation der letzten

Der Firmensitz der WITTENSTEIN AG in Igersheim (oben) und der Vorstandsvorsitzende der familiengeführten Aktiengesellschaft, Dr. Manfred Wittenstein (unten).

WITTENSTEIN AG

BERÜHMTE ERFINDER: DAS PROJEKT „STREETSCOOTER"

Elektroautos für alle bezahlbar zu machen ist Ziel des Projekts „StreetScooter", an dem WITTENSTEIN gemeinsam mit der RWTH Aachen arbeitet. Der StreetScooter ist in Modulen konzipiert. So bilden zum Beispiel Antrieb, Fahrerkabine und Stauraum für Gepäck eigenständige Module, die verschieden kombiniert werden können. So kann sich der Kunde vom Zweisitzer bis zum Pickup sein individuelles Modell zusammensetzen. Neun LEGs (Lead Engineering Groups) widmen sich Themen wie Karosserie oder Sicherheit. WITTENSTEIN leitet die LEG „elektrischer Antrieb". Der Antrieb ist ein wesentlicher Preisfaktor, da 30 % der Herstellungskosten auf die Antriebstechnik entfallen und das Auto max. 5.000 Euro kosten soll. Ein kompaktes, robustes und emissionsfreies Antriebssystem, das Motor, Elektronik und Getriebe integriert, hat WITTENSTEIN bereits vorgestellt. In Zukunft soll es möglich sein, Antriebe verschiedener Leistungsklassen in unterschiedlichen Stückzahlen zu konfigurieren und gleichzeitig die Kostenvorteile der Großserienfertigung zu nutzen, damit jeder StreetScooter den optimalen Antrieb erhält und die preislichen Zielvorgaben nicht überschritten werden.

Jahre ist der vollimplantierbare Distraktionsmarknagel FITBONE® zum Einsatz im menschlichen Körper.

DATEN UND FAKTEN

Branche: Maschinenbau, Antriebstechnik

Produkte: Spielarme Planetengetriebe, integrierte elektromechanische, rotative und lineare Servosysteme, Mini-AC-Servomotoren, intelligente Implantate für Orthopädie und Traumatologie, innovative Verzahnungstechnologie, hochpräzise und leistungsstarke Aktuatorsysteme für den Luftfahrt- und Simulationsmarkt, Elektronik- und Softwarekomponenten

Marktposition: Weltmarktführer auf dem Gebiet der mechatronischen Antriebstechnik

Umsatz: 171 Mio. Euro (2008/09)

Mitarbeiter: 1.355 (weltweit, 2010), 1.137 (in Deutschland, 2010)

Ausbildungsquote: 15,1 % (Oktober 2009)

Standorte: 60 Tochterunternehmen und Vertretungen in 40 Ländern weltweit

Exportquote: 60 %

Auszeichnungen: „Beruf und Familie" (audit berufundfamilie, 2008) „Arbeit Plus" für nachhaltige Personalpolitik (evangelische Kirche, 2008) „Innovationspreis Main-Tauber" für die mechatronische Wachstumsprothese (2006) „Innovationspreis Main-Tauber" für den High Lift Actuator (Wirtschaftsförderung Main-Tauber, 2008) „Kompetenzpreis für Innovation und Qualität Baden-Württemberg" (Steinbeis-Stiftung, 2010) „Top 100" der innovativsten Unternehmen Deutschlands (compamedia GmbH, 2010)

Fortsetzung auf S. 100

2008 übernahm Dr. Anna-Katharina Wittenstein, Tochter von Dr. Manfred Wittenstein, die Geschäftsführung der WITTENSTEIN AG Schweiz in Grüsch (oben); Dr. Manfred Wittenstein im Gespräch mit einem Mitarbeiter (Mitte); rund 12 % der WITTENSTEIN-Mitarbeiter sind in der Forschung und Entwicklung tätig (unten).

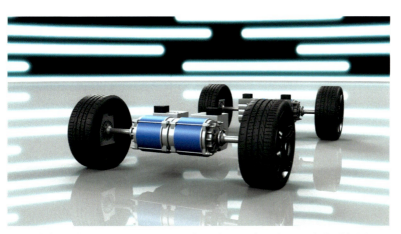

Die WITTENSTEIN AG ist ein global agierender Komplettanbieter von Systemlösungen im Bereich elektromechanischer Servoantriebssysteme und marktführend im Bereich der mechatronischen Antriebssysteme.

WÜRTH

WÜRTH

Die Würth-Gruppe besteht aus rund 400 Gesellschaften in 84 Ländern. Sie beschäftigt weltweit über 59.000 Mitarbeiter und erzielte im Jahr 2009 einen Umsatz von 7,52 Mrd. Euro. Der Konzern ist Weltmarktführer im Handel mit Montage- und Befestigungsmaterial. Unter der Würth-Linie versammeln sich alle Firmen der Gruppe, die in diesem Segment tätig sind. Sie bieten ein umfangreiches Sortiment, das von Schrauben, Schraubenzubehör und Dübeln über Werkzeuge bis hin zu chemisch-technischen Produkten reicht und über 100.000 Artikel umfasst. Innerhalb der Würth-Linie sind die operativen Geschäftseinheiten auf internat. Ebene in die Divisionen Metall, Auto, Holz, Industrie und Bau aufgeteilt. Die Division Metall umfasst die Vertriebszweige Metall, Haustechnik und Betriebswerkstätten, die Division Auto die Vertriebszweige Pkw und Cargo. Neben dem Kerngeschäft sind die Allied Companies als Handels- oder Produktionsunternehmen in verwandten Geschäftsfeldern tätig. Sie ergänzen das Angebot um

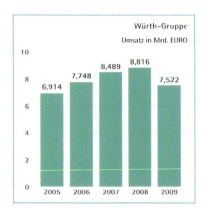

GROSSE UNTERNEHMER: REINHOLD WÜRTH

Die Geschichte der Würth-Gruppe ist untrennbar mit dem Unternehmer Prof. Dr. h. c. mult. Reinhold Würth verbunden, unter dessen Führung sie zum Weltmarktführer im Vertrieb von Montage- und Befestigungsmaterial wurde. Als Adolf Würth im Sommer 1945 im baden-württembergischen Künzelsau eine Schraubengroßhandlung eröffnete, war sein Sohn Reinhold von Anfang an dabei und ging dem Vater zur Hand. Am 1. Oktober 1949 trat er offiziell als zweiter Mitarbeiter und erster Lehrling in das Unternehmen ein. Schon im Januar 1951 war er zum ersten Mal alleine auf Verkaufsreise – in Düsseldorf sollte sich der damals 15-Jährige um neue Kunden bemühen. 1952 schloss er die kaufmännische Ausbildung mit der Kaufmannsgehilfenprüfung ab. Als Adolf Würth 1954 im Alter von 45 Jahren starb, übernahm der damals 19-jährige Reinhold Würth die Geschäftsleitung. Das Unternehmen war zu dieser Zeit ein Zweimannbetrieb mit einem Jahresumsatz von 146.000 DM. Noch in den 1950er-Jahren führte Reinhold Würth dann strategische Planungen für einen Zeitraum von fünf Jahren ein, verbunden mit einer Prognose für weitere fünf Jahre. Beispielhaft für das visionäre und strategische Denken von Reinhold Würth ist insbesondere die „Vision 2000", die er 1987 entwickelte: Im Jahr 1987 betrug der Umsatz der Würth-Gruppe 1,3 Mrd. DM. Bis zur Jahrtausendwende sollte das Unternehmen 10 Mrd. DM Umsatz erzielen. Tatsächlich wurde dieses Ziel im Geschäftsjahr 2000 punktgenau erreicht. Reinhold Würth war auch die treibende Kraft hinter dem für ein Handelsunternehmen ungewöhnlichen Schritt, nicht nur Produkte zu vertreiben, sondern diese auch selbst zu entwickeln und zu produzieren. Zum Selbstverständnis bei Würth gehört seit jeher auch, gesellschaftliche Verantwortung zu übernehmen. Um dieses Engagement zusammenzufassen und eine kontinuierliche Fortsetzung zu gewährleisten, gründeten Reinhold und Carmen Würth beispielsweise 1987 die Gemeinnützige Stiftung Würth. Auch über die Stiftungsarbeit hinaus engagiert sich Würth umfangreich in den Bereichen Kunst und Kultur, Forschung und Wissenschaft sowie Bildung und Erziehung.

WÜRTH

Der Stammsitz der Würth-Gruppe in Künzelsau.

Produkte für Bau- und Heimwerkermärkte, Elektroinstallationsmaterial, elektronische Bauteile sowie Solarmodule, Arbeitsschutz und Finanzdienstleistungen. Hinzu kommt das Geschäftssegment Diversifikation, das Dienstleistungsbetriebe in der Logistik, Hotels und Gastronomiebetriebe sowie eine Juniorenfirma bündelt. Zu den weltweit 3 Mio. Kunden von Würth gehören vornehmlich Handwerksbetriebe, zunehmend aber auch die Mittel- und Großindustrie. Einen zentralen Erfolgsfaktor sieht die Gruppe im kundennahen Vertrieb. So ist rund die Hälfte aller Mitarbeiter, über 29.000 im Jahr 2010, im Außendienst tätig. Eine modulare Systemlogistik, die speziell auf einzelne Kundengruppen zugeschnitten werden kann, unterstreicht diese Service-Strategie. Für dieses Konzept hat Würth 2009 den Deutschen Logistik-Preis erhalten. Ein weiterer Schwerpunkt liegt auf der kontinuierlichen Produktentwicklung, deren Basis die Zusammenarbeit mit unabhängigen Instituten, Hochschulen und einem Beirat aus dem Kreis der Kunden bildet. Rund 40 % des Umsatzes der Würth-Linie erzielen Produkte, die nicht älter als fünf Jahre sind. Auch die Anzahl der Schutzrechte, die Würth als Eigentümer hält, dokumentiert die intensive Arbeit im Entwicklungsbereich: 2009 waren dies 560 aktive Patente, 31 Gebrauchsmuster, 57 Geschmacksmuster (Designs) sowie 3.046 aktive Marken. Allein 2009 meldete Würth insgesamt 124 neue Schutzrechte an. Adolf Würth gründete das Unternehmen 1945 in Künzelsau als Schraubengroßhandlung. Nach dem Tod seines Vaters übernahm Reinhold Würth 1954 den Familienbetrieb und prägte maßgeblich die Entwicklung der damaligen Schraubenhandlung zum heutigen Spezialisten für Montagetechnik. Schon frühzeitig

SCHON GEWUSST?

▌ Mit dem Erwerb des Gemäldes „Wolkenspiegelung in der Marsch" wurde Ende der 1960er-Jahre der Grundstein zur Sammlung Würth gelegt. Heute umfasst sie rund 12.500 Kunstwerke. Ihre Akzente liegen auf Skulpturen, Malerei und Grafiken vom ausgehenden 19. Jh. bis zur Gegenwart, in jüngster Zeit auch auf der Kunst der frühen Neuzeit. Ausgestellt werden die Werke u. a. im 1991 eröffneten Museum Würth am Stammsitz Künzelsau. Im Mai 2001 erweiterte sich die museale Plattform des Hauses durch die Eröffnung der Kunsthalle Würth in Schwäbisch Hall. Ausstellungen in einem familiäreren Rahmen bietet daneben die Hirschwirtscheuer in Künzelsau. Im Jahr 2008 wurde mit der Johanniterhalle in Schwäbisch Hall ein weiterer Ausstellungsort eröffnet. Diese Häuser werden durch die Adolf Würth GmbH & Co. KG getragen. Zudem bestehen seit 1999 zunehmend auch Kunstdependancen in den Auslandsgesellschaften der Würth-Gruppe.

Seine Produkte wie Schrauben (oben) und Maschinen (unten) vertreibt Würth auch über eigene Verkaufsniederlassungen (unten).

WÜRTH

Das Sortiment der Würth-Linie umfasst mehr als 100.000 Artikel.

begann Würth damit, als Handelsunternehmen nicht nur Produkte zu vertreiben, sondern diese auch selbst zu entwickeln und zu produzieren. 1962 wurde in den Niederlanden die erste Auslandsgesellschaft gegründet, Gründungen in der Schweiz, Österreich, Italien und weiteren Ländern folgten. 1969 gründete Würth die erste Gesellschaft in Nordamerika. Ein Jahr später wurde Würth auch in Südafrika aktiv. Die Bildung von Gesellschaften in Australien (1982) sowie in Japan und Malaysia (beide 1987) komplettierte schließlich die Präsenz der Unternehmensgruppe auf allen Kontinenten. 1994 zog sich Reinhold Würth aus der operativen Geschäftsführung zurück und übernahm den Beiratsvorsitz der Würth-Gruppe. 2006 folgte ihm seine Tochter Bettina Würth in diesem Amt. Reinhold Würth fungiert weiterhin als Vorsitzender des Stiftungsaufsichtsrats der Würth-Gruppe.

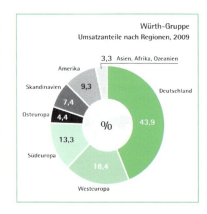

Der Gründungssitz in Künzelsau (oben), Gründer Adolf Würth mit seinem Sohn Reinhold (unten).

DATEN UND FAKTEN

Branche: Montage- und Befestigungsmaterial

Produkte: Die Würth-Linie umfasst über 100.000 Produkte, von Schrauben, Schraubenzubehör und Dübeln über Werkzeuge bis hin zu chemisch-technischen Produkten und Arbeitsschutz. Die Allied Companies ergänzen das Angebot um Produkte für Bau- und Heimwerkermärkte, Elektroinstallationsmaterial, elektronische Bauteile sowie Solarmodule und Finanzdienstleistungen.

Marktposition: Weltmarktführer im Segment Montage- und Befestigungsmaterial

Umsatz: 7,52 Mrd. Euro (2009)

Mitarbeiter: 57.882 (2009)

Standorte: weltweit rund 400 Gesellschaften in 84 Ländern

Vertrieb: u. a. über mehr als 29.000 Außendienstmitarbeiter an Handwerksbetriebe und die Industrie

Auslandsanteil: 56,1 % (2009)

Gründer: Adolf Würth, 1945, Künzelsau

WÜRTH

KONTAKT

Adolf Würth GmbH & Co. KG
Reinhold-Würth-Str. 12-17
74653 Künzelsau
✆ (0 79 40) 15-0
🖷 (0 79 40) 15-10 00
✉ info@wuerth.de
🖳 www.wuerth.com

Ansprechpartner Presse:
Sarah Rummel
✆ (0 79 40) 15-25 74

MEILENSTEINE

1945 Adolf Würth gründet im hohenlohischen Künzelsau eine Großhandelsfirma für Schrauben und Muttern.

1954 Nach dem Tod des Firmengründers übernimmt sein 19-jähriger Sohn Reinhold Würth die Geschäftsleitung.

1962 Mit der Gründung einer Gesellschaft in den Niederlanden beginnt die internat. Expansion der Firma.

1987 Durch den Erwerb einer Gesellschaft in Japan und die Gründung einer Niederlassung in Malaysia ist Würth auf allen Kontinenten vertreten.

1994 Prof. Dr. h. c. mult. Reinhold Würth scheidet aus der operativen Geschäftsleitung aus und übernimmt den Beiratsvorsitz der Würth-Gruppe.

2001 Die Würth-Gruppe erhält eine neue Führungsstruktur. Die Konzernführung - vergleichbar mit dem Vorstand einer Holding - bildet nun das oberste Entscheidungsgremium.

2006 Bettina Würth übernimmt als Beiratsvorsitzende die Position ihres Vaters Reinhold Würth, der nun als Ehrenvorsitzender des Beirats und Vorsitzender des Stiftungsaufsichtsrats fungiert.

2009 Die Bundesvereinigung Logistik zeichnet Würth mit dem Deutschen Logistik-Preis aus.

Reinhold Würth mit seinem von Alfred Hrdlicka geschaffenen Ebenbild (oben). Ausstellung in der Kunsthalle Würth (unten).

Die 2001 eröffnete Kunsthalle Würth in Schwäbisch Hall.

EINFACH ERKLÄRT: DIREKTVERTRIEB

Kern des Geschäftsmodells und zugleich wesentlicher Faktor des Erfolgs der Würth-Gruppe ist der Direktvertrieb. Über 29.000 fest angestellte Außendienstmitarbeiter weltweit besuchen die Kunden vor Ort in den Betrieben. Sie sind spezialisiert auf eine der Divisionen Auto, Metall, Holz, Bau oder Industrie, wodurch eine optimale Beratung sichergestellt wird. Der direkte Kundenkontakt ermöglicht es Würth, auf Bedürfnisse und Wünsche direkt einzugehen. Das Modell des Direktvertriebs macht Ergebnisse anhand der Aufträge jeden Tag sichtbar. Auf Veränderungen etwa im Sortiment erhält Würth umgehend eine Rückmeldung und kann so wiederum selbst schnell reagieren. Um für die Kunden immer erreichbar zu sein, bietet Würth zusätzlich den Einkauf über Verkaufsniederlassungen an. Das hat den Vorteil, dass Handwerker, Servicetechniker und Monteure bei Bedarf Produkte schnell vor Ort einkaufen können, etwa auf dem Weg zur Baustelle. Das Niederlassungsnetz in Deutschland besteht bereits aus über 300 Standorten.

Fortsetzung von S. 95

KONTAKT

WITTENSTEIN AG
Walter-Wittenstein-Straße 1
97999 Igersheim
✆ (0 79 31) 4 93-0
🖨 (0 79 31) 4 93-2 00
✉ info@wittenstein.de
🖥 www.wittenstein.de

WÜRTH

→ Sonderartikel S. 96

ZIEHL-ABEGG

Die Ziehl-Abegg AG gehört im Bereich der Luft- und Antriebstechnik zu den internat. erfolgreichsten Unternehmen. Der Konzern konnte sich, u. a. als Hersteller von Antriebsmotoren für Aufzüge, weltweit unter den Top drei der Branche etablieren. In der Lufttechnik, dem zweiten Hauptgeschäftsfeld, ist die Firma internat. Marktführer. Ausgestattet mit einer umfangreichen Produktpalette für unterschiedlichste Anwendungen bietet Ziehl-Abegg dem Kunden z. B. energieeffiziente Systemlösungen zur Klimatisierung großer Gebäude- und Industriekomplexe. Die verwendete ECblue-Technologie, die Motorwirkungsgrade von über 90 % möglich macht, entspricht schon heute den EU-Grenzwertvorschriften der Energieklasse IE3 für das Jahr 2015. Weltweit werden 2.500 Mitarbeiter beschäftigt, davon 1.500 in Deutschland. Weitere Produktionsstätten in Ungarn und China sowie ein dicht gewobenes Vertriebsnetz mit stetig hinzukommenden Niederlassungen auf der ganzen Welt ermöglichten der Ziehl-Abegg AG 2006 einen Umsatz von 262 Mio. Euro und eine Exportquote von 66 %. Seit dem Jahr 2001 ist das Unternehmen eine nicht börsennotierte AG, deren Anteile sich zu 100 % im Besitz der Familie Ziehl befinden. Dem Vorstandsvorsitzenden Peter Fenkl steht mit Uwe Ziehl als Vorsitzendem des Aufsichtsrates ein Enkel des Erfinders Emil Ziehl zur Seite. Dieser hatte 1910 die Firma gegründet. Modernste Technik und Innovation sind seither ein zentrales Merkmal des Familienunternehmens. Die Voraussetzungen dazu werden im firmeneigenen Technologiezentrum „InVent" geschaffen, in dem auf einer Fläche von 5.000 qm über 100 Ingenieure und Techniker Lösungen für den Markt von morgen entwickeln.

KONTAKT

Ziehl-Abegg AG
Heinz-Ziehl-Straße
74653 Künzelsau
✆ (0 79 40) 16-0
🖨 (0 79 40) 16-6 77
✉ info@ziehl-abegg.de
🖥 www.ziehl-abegg.de

REGISTER NACH BRANCHEN

BRANCHE

Automobil
Atmel Automotive GmbH
AUDI AG
Bott GmbH & Co. KG
Dometic Seitz GmbH
GETRAG Corporate Group
GGB Heilbronn GmbH
Kolbenschmidt Pierburg AG
Läpple AG
Veigel GmbH + Co. KG
Wirthwein AG

Bau und Bauzulieferer
Klafs GmbH & Co. KG
ROTEX Heating Systems GmbH
Systemair GmbH

Chemie
Konrad Hornschuch AG
Peter Kwasny GmbH

Diversifizierte Unternehmen und Holdings
Adolf Würth GmbH & Co. KG
Berner AG

Elektronik und Elektrotechnik
Amphenol-Tuchel Electronics GmbH
ANSMANN AG
BARTEC GmbH
ecom instruments GmbH
Elabo GmbH
ERSA GmbH
KRIWAN Industrie-Elektronik GmbH
LAUDA Dr. R. Wobser GmbH & Co.KG
R. STAHL Unternehmensgruppe
Shure Europe GmbH
WITTENSTEIN AG

Erneuerbare Energien
KACO new energy

Finanzdienstleistungen
Hoerner Bank Aktiengesellschaft

Handel
Deko Woerner GmbH

Konsum- und Gebrauchsgüter
alfi GmbH
INTERSPORT Deutschland eG
König & Meyer GmbH & Co. KG
Losberger GmbH
MUSTANG GmbH
RECARO Aircraft Seating GmbH & Co. KG

Maschinen- und Anlagenbau
Alimak Hek GmbH
Armaturenfabrik Franz Schneider
    GmbH & Co. KG
Bausch+Ströbel Maschinenfabrik Ilshofen
    GmbH & Co. KG
Behringer GmbH Maschinenfabrik und
    Eisengießerei
Bürkert Fluid Control Systems
Dieffenbacher GmbH + Co. KG
ebm-papst Mulfingen GmbH & Co.KG
Eugen Lägler GmbH
FIBRO GmbH
FIMA Maschinenbau GmbH
FONG'S EUROPE GMBH
G.A. Kiesel GmbH
GEMÜ Gebr. Müller Apparatebau
    GmbH & Co. KG
Gerhard Schubert GmbH
Gerresheimer Wertheim GmbH
ILLIG Maschinenbau GmbH & Co. KG
Karl Marbach GmbH & Co. KG
Lutz Pumpen GmbH
Metallwarenfabrik Gemmingen GmbH
Michael Weinig AG
OPTIMA packaging group GmbH
SCHUNK GmbH & Co. KG
VACUUBRAND GMBH + CO KG
Vollert Anlagenbau GmbH
Weber Hydraulik GmbH
WEIMA Group GmbH & Co. KG
Ziehl-Abegg AG

Schwermaschinenbau
MAFI Transport-Systeme GmbH
SCHEUERLE Fahrzeugfabrik GmbH

Software und Internet
SYNCING.NET Technologies GmbH

Sonstige Industrieprodukte
Alfred Kärcher GmbH & Co. KG
BRAND GMBH + CO KG
Hänel GmbH & Co. KG

ABKÜRZUNGSVERZEICHNIS

Abkürzung	Bedeutung
AG	Aktiengesellschaft
Anm	Anmerkung
belg.	Belgisch
brasil.	brasilianisch
BRD	Bundesrepublik Deutschland
brit.	britischen
bzw.	beziehungsweise
CEO	Chief Executive Officer
chin.	chinesisch
cm	Zentimeter
d. h.	das heißt
dän.	Dänisch
dt.	deutsch
ebd.	ebenda
engl.	englisch
EU	Europäische Unionen
ev.	evangelisch
exkl.	exklusiv
f./ff.	folgende
finn.	finnisch
franz.	französisch
ggf.	gegebenenfalls
griech.	griechisch
Hg.	Herausgeber
hist.	historisch
hl	Hektoliter
inkl.	inklusive
innerdt.	innerdeutsch
internat.	international
ital.	italienisch
jap.	japanisch
Jh.	Jahrhundert
kath.	katholisch
Kfz	Kraftfahrzeug
KG	Kommanditgesellschaft
km	Kilometer
l	Liter
lat.	lateinisch
Lkw	Lastkraftwagen
lt.	laut
m	Meter
MdB	Mitglied des Bundestages
MdEP	Mitglied des Europäischen Parlaments
MdL	Mitglied des Landtages
Mio.	Millionen
Mrd.	Milliarden
multinat.	multinational
nat.	National
niederl.	niederländisch
norw.	norwegisch
OHG	Offene Handelsgesellschaft
Pkw	Personenkraftwagen
POS	Point of Sale
Prof.	Professor
röm.	römisch
qm	Quadratmeter
russ.	russisch
S.	Seite
schwed.	schwedisch
schwz.	schweizerisch
sen.	senior
sog.	sogenannt
span.	spanisch
stellv.	Stellvertretend
Str.	Straße
t	Tonnen
Tsd.	Tausend
u. Ä	und Ähnliches
u. a.	unter anderem
US /USA	United States of Amerika
USD	Währung der USA
WIPO	World Intellectual Property Organization
z. B.	zum Beispiel
z. T.	zum Teil
z. Z.	zur Zeit
zzt.	zurzeit

IMPRESSUM

DNB, Deutsche Nationalbibliothek

Heilbronn-Franken – Region der Weltmarktführer /
Dr. Florian Langenscheidt / Prof. Dr. Bernd Venohr (Hg.)
NE: Steffen Schoch, Wirtschaftsregion Heilbronn-Franken GmbH (Hg.)

ISBN: 978-3-86936-222-9
1. Auflage
© 2011 Deutsche Standards EDITIONEN GmbH, Köln

Nachdruck, auch nur in Auszügen, nur mit der schriftlichen Genehmigung des Verlags.
Kein Teil des Buches darf ohne schriftliche Einwilligung des Verlags in irgendeiner Form reproduziert werden oder unter Verwendung elektronischer Systeme verarbeitet, vervielfältigt oder veröffentlicht werden.

Alle Rechte vorbehalten. Printed in Germany.

Redaktionsleitung: Olaf Salié
Projektleitung: Steffen Heemann
Verlagsleitung: Alexander Foyle
Verlag: Henning Schreier, Heiner Fischer
Endlektorat: Julian von Heyl (www.korrekturen.de)
Gestaltung: Stefan Laubenthal
Satz: Geneon Media solutions GmbH / IRS GmbH, Nürnberg
Herstellung: Firmengruppe APPL, Aprinta Druck, Wemding
Vertrieb: GABAL Verlag GmbH, Offenbach
Gedruckt auf LuxoArt Silk, holzfrei, weiß, matt gestrichen 90 g/qm.

Die Copyrights für die in diesem Buch abgebildeten Logos und die zur Verfügung gestellten Fotografien und Grafiken liegen ausschließlich bei den beteiligten Unternehmen und dürfen ohne deren ausdrückliche Genehmigung nicht abgedruckt bzw. verwendet werden.

Bildnachweis:
Bilder im Fachartikel Steffen Schoch:
Archiv Heilbronn Marketing GmbH
Wirtschaftsregion Heilbronn-Franken GmbH
Adolf Würth GmbH & Co. KG,
Bernhard Lattner, Heilbronn,
Voith Turbo, Heidenheim
Hohenlohekreis, Künzelsau
W.I.H. Hohenlohe, Künzelsau
Hans Peter Otto FoTTograf, Berlin
Heilbronn Marketing GmbH, Heilbronn

Ebenfalls im Verlag Deutsche Standards EDITIONEN erschienen:

DEUTSCHE STANDARDS – LEXIKON DER DEUTSCHEN WELTMARKTFÜHRER

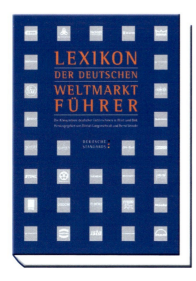

Die Königsklasse deutscher Unternehmen in Wort und Bild.
Ausgabe 2011
Erstauflage

Herausgeber: Dr. Florian Langenscheidt und Prof. Dr. Bernd Venohr

Hardcoverausgabe mit Schutzumschlag, 697 Seiten, 18 x 24,5 cm,
zahlr. farb. Abb., Leinen, Deutsche Ausgabe
ISBN: 978-3-86936-221-2

79,- EUR [D]

Vertrieb: GABAL Verlag